Ética na psicologia

Coleção Ética nas Profissões
- *Ética na psicologia*
Rita Aparecida Romaro
- *Ética na odontologia*
Cilene Rennó Junqueira e Sigmar de Mello Rode
- *Ética no direito*
Tereza Rodrigues Vieira e João Paulo Nery dos Passos Martins
- *Ética no jornalismo*
Luciene Tófoli
- *Ética na educação física*
Claudio Luis de Alvarenga Barbosa

Dados Internacionais de Catalogação na Publicação (CIP)
(Câmara Brasileira do Livro, SP, Brasil)

Romaro, Rita Aparecida
   Ética na psicologia / Rita Aparecida Romaro. 4. ed. revista e atualizada – Petrópolis, RJ : Vozes, 2014.
   Bibliografia.

7ª reimpressão, 2023.

ISBN 978-85-326-3363-7

1. Psicologia – Aspectos morais e éticos.

06-4393   CDD-174.915

Índices para catálogo sistemático:

1. Ética na psicologia   174.915

Rita Aparecida Romaro

Ética na psicologia

EDITORA
VOZES

Petrópolis

© 2006, Editora Vozes Ltda.
Rua Frei Luís, 100
25689-900 Petrópolis, RJ
www.vozes.com.br
Brasil

Todos os direitos reservados. Nenhuma parte desta obra poderá ser reproduzida ou transmitida por qualquer forma e/ou quaisquer meios (eletrônico ou mecânico, incluindo fotocópia e gravação) ou arquivada em qualquer sistema ou banco de dados sem permissão escrita da editora.

CONSELHO EDITORIAL

Diretor
Gilberto Gonçalves Garcia

Editores
Aline dos Santos Carneiro
Edrian Josué Pasini
Marilac Loraine Oleniki
Welder Lancieri Marchini

Conselheiros
Elói Dionísio Piva
Francisco Morás
Ludovico Garmus
Teobaldo Heidemann
Volney J. Berkenbrock

Secretário executivo
Leonardo A.R.T. dos Santos

Editoração: Ana Kronemberger
Diagramação: Anthares Composição
Capa: Juliana Teresa Hannickel

ISBN 978-85-326-3363-7

Este livro foi composto e impresso pela Editora Vozes Ltda.

A Thais, minha filha, ...por sua vontade de ser feliz, por seus sonhos, por seu sorriso, por sua coragem de percorrer os caminhos da vida com integridade...

Sumário

Prefácio, 9

Apresentação, 13

1 – Código de Ética Profissional do psicólogo, 15

2 – O Código de Ética Profissional do psicólogo – percurso histórico, 27

    Código de Ética Profissional do psicólogo de 1975, 30

    Código de Ética Profissional do Psicólogo de 1979, 31

    Código de Ética Profissional do Psicólogo de 1987, 33

    Código de Ética Profissional do Psicólogo de 2005, 35

3 – Princípios fundamentais da ética, 39

4 – Regulamentações sobre o exercício profissional e o Código de Processamento Disciplinar, 45

    Legislação sobre o exercício profissional, 45

    O Código de Processamento Disciplinar, 54

5 – Cursos de especialização e residência em psicologia, 59

6 – A pesquisa com seres humanos em psicologia, 63

7 – Delimitação do campo de atuação e das técnicas empregadas, 69

    Avaliação psicológica, 69

    Atestado psicológico, 87

    Psicoterapia, 88

    Terapias não reconhecidas cientificamente, 92

    Práticas mediadas por computador, 94

8 – Considerações finais, 99

Anexos, 101

    Anexo 1 – Código de Ética Profissional do Psicólogo de 1975, 103

    Anexo 2 – Código de Ética Profissional do Psicólogo de 1979, 113

    Anexo 3 – Código de Ética Profissional do Psicólogo de 1987, 125

    Anexo 4 – Definição das especialidades a serem concedidas pelo Conselho Federal de Psicologia, para efeito de concessão e registro do título profissional de especialista em psicologia (Anexo da Resolução CFP 013/2007), 139

Referências bibliográficas, 159

Prefácio

O exercício de uma profissão requer competência técnica, rigor ético e compromisso com a sociedade em que se realiza. Quando se trata de uma profissão regulamentada, esses aspectos ganham contornos mais claros, uma vez que existem órgãos responsáveis, com delegação do Estado, para cuidar dessas tarefas.

A psicologia, profissão regulamentada desde 1962, tem – na história desses 43 anos de regulamentação – algumas características interessantes. Regida inicialmente por leis produzidas em um período político em que vigorava o autoritarismo e o arbítrio, a profissão teve, desde sempre, uma categoria preocupada em refletir sobre seu papel social. Evidentemente, não de forma unânime. As contradições da sociedade perpassam todos os seus setores e a psicologia não poderia ficar isenta. Mesmo assim, ou exatamente por causa disso, temos aí uma categoria que ao longo desses anos questiona o compromisso com as elites que em muitos contextos marcou a presença social da profissão e se preocupa em apontar a necessidade de colocar a psicologia a serviço de toda a sociedade.

É também uma categoria que se apropriou de seus órgãos reguladores, os Conselhos, por meio de mecanismos de participação democrática (Congressos Nacionais e Regionais; consulta nacional para eleição da diretoria do Conselho Federal de Psicologia; realização de fóruns temáticos, apenas para citar os principais exemplos). Esta categoria, com esta forma de organização e participação, tem sido capaz de desenvolver, junto aos Conselhos, projetos coletivos para a profissão, a partir da avaliação de suas amplas possibilidades de inserção social, em campos diversificados e atendendo diversos segmentos sociais.

Da mesma forma, tem sido possível nesses órgãos (Conselho Federal e Conselhos Regionais de Psicologia) exercer o papel de regulamentação, orientação e fiscalização do exercício profissional, considerando as demandas da sociedade, as questões concretas vividas pelos profissionais e as possibilidades diversas de encaminhamento desses aspectos com qualidade técnica e compromisso ético, de modo que a psicologia se afirme como atividade profissional reconhecida e respeitada pelo conjunto da sociedade.

As resoluções e normas para o exercício profissional surgem do debate de tais demandas e questões: por um lado, com participação ampla de profissionais psicólogos e, quando necessário, psicólogos especialistas em determinadas questões; e, por outro lado, acrescido esse debate da discussão política de projetos para a profissão, realizada nos espaços de definição dessa política (a partir do Congresso Nacional de Psicólogos do Sistema Conselhos).

Essas perspectivas e concepções sobre a profissão e seus órgãos de regulamentação, para se concretizar, requerem a articulação com duas tarefas básicas: a formação de novos profissionais e a divulgação dos debates e deliberações existentes no âmbito dos Conselhos. É neste viés que se insere a presente obra. A autora nos apresenta uma sistematização e breve histórico dos Códigos de Ética dos Psicólogos, com destaque para o processo de elaboração do atual, que está em vigor desde 27 de agosto de 2005. Apresenta também uma parte importante e nem sempre conhecida pelos psicólogos, da legislação geral sobre o exercício profissional. A seguir, situa a importância das resoluções que complementam e detalham a legislação fundamental, apresentando algumas delas.

Embora toda a legislação sobre o exercício profissional seja pública, estando disponível nos veículos de comunicação dos Conselhos (sites, jornais e publicações específicas), sabe-se da necessidade de trabalhar constantemente para sua divulgação e apropriação pelos profissionais e usuários dos serviços de psicologia. Nesse sentido, a obra de Rita Romaro pode subsidiar inicialmente os psicólogos que têm, entre seus deveres, conhecer as normas para o exercício profissional. Também pode contribuir para o conhecimento, pelas demais pessoas, da psicologia como prática que expressa compromissos e se propõe a determinados objetivos frente à sociedade.

E, finalmente, pode ser um instrumento útil na formação de futuros psicólogos, facilitando o acesso à legislação profissional e permitindo uma iniciação em uma discussão que deverá fazer parte de todo o exercício profissional.

Se queremos profissionais cientes e ciosos de seu lugar social, e se queremos psicólogos cidadãos, que participam da construção dos rumos de sua profissão na sociedade, devemos garantir desde cedo e sempre que a base dessa atuação, sua legislação, seja conhecida, debatida e, sempre que necessário, modificada. Uma legislação assim produzida deve ser, também e principalmente, individual e coletivamente compreendida, apropriada e respeitada. Esta obra se propõe como um primeiro passo nessa direção.

Brônia Liebesny
Psicóloga e mestre em Psicologia Social – PUC-SP
Professora na disciplina Ética Profissional.

Apresentação

O atual Código de Ética Profissional do Psicólogo reflete a importância e o reconhecimento do papel social do psicólogo ao longo das décadas, sua inserção à comunidade e sua transparência para lidar com pontos delicados como os dilemas éticos.

A ideia de escrever este livro deriva-se de minha experiência como docente e das dúvidas e dificuldades apresentadas por alunos, colegas e usuários ao longo dos últimos anos. Este trabalho objetiva aclarar aos interessados pela área, as especificações e ramificações de nossa atuação em diversos seguimentos da sociedade, em nível preventivo, psicoterápico, acadêmico, institucional e outros. Objetiva também esclarecer direitos e deveres – de ambos, usuários e psicólogos, ressaltando a importância da participação conjunta para o desenvolvimento da intrincada função de psicólogo.

A presente edição foi revista, atualizando as Resoluções do Conselho Federal de Psicologia até março de 2014.

No capítulo 1 é apresentado o Código de Ética Profissional do Psicólogo em vigor.

No capítulo 2 recorto alguns aspectos dos percalços e percursos de nossa profissão no território brasileiro, seu processo de reconhecimento, a elaboração do primeiro Código (1975), do segundo (1979), do terceiro (1987) e o preparo para o quarto Código de Ética Profissional do Psicólogo (2005).

No capítulo 3 teço considerações sobre algumas questões éticas e suas aplicações, discorrendo sobre como valores, necessidades e contexto sociopolítico são mutáveis e expressam o desenvolvimento de um povo, de um grupo, de cada indivíduo.

Cabe ressaltar a importância de se resgatar os caminhos percorridos, que possibilitaram sua elaboração, por meio da apresentação das resoluções do Conselho Federal de Psicologia, disponíveis no site do CRP, de 1996 a março/2014. Agrupei-as por tópicos, a fim de contemplar algumas alterações oriundas da prática profissional e da evolução científica em diversas áreas do saber. As resoluções do Conselho Federal de Psicologia, complementando e esclarecendo artigos e alíneas do código, são citadas e algumas vezes apresentadas de forma total ou parcial, no sentido de acompanhar as inovações científicas, as transformações sociais, as demandas e reflexões da classe profissional, da sociedade, com seus impasses e dificuldades, como nossa atuação em prol da luta antimanicomial, contra o ato médico, entre outras.

No capítulo 4 são apresentadas as regulamentações que norteiam a legislação do exercício da profissão e as normas disciplinares. No capítulo 5, as regulamentações sobre as especializações e residência em psicologia e no capítulo 6 são abordadas questões e procedimentos para a pesquisa em psicologia.

No capítulo 7 trabalha-se a delimitação do campo de atuação do psicólogo, com destaque para a avaliação psicológica, as psicoterapias, as terapias não reconhecidas cientificamente e as práticas mediadas por computador.

Os anexos apresentam um pouco de nossa identidade profissional, ao trazerem na íntegra nossos códigos de ética anteriores e as definições das especialidades em psicologia.

1
Código de Ética Profissional do psicólogo

Toda profissão define-se a partir de um corpo de práticas que busca atender demandas sociais, norteado por elevados padrões técnicos e pela existência de normas éticas que garantam a adequada relação de cada profissional com seus pares e com a sociedade como um todo.

Um Código de Ética profissional, ao estabelecer padrões esperados quanto às práticas referendadas pela respectiva categoria profissional e pela sociedade, procura fomentar a autorreflexão exigida de cada indivíduo acerca da sua práxis, de modo a responsabilizá-lo, pessoal e coletivamente, por ações e suas consequências no exercício profissional. A missão primordial de um código de ética profissional não é de normatizar a natureza técnica do trabalho, e, sim, a de assegurar, dentro de valores relevantes para a sociedade e para as práticas desenvolvidas, um padrão de conduta que fortaleça o reconhecimento social daquela categoria.

Códigos de Ética expressam sempre uma concepção de homem e de sociedade que determina a direção das relações entre os indivíduos. Traduzem-se em princípios e normas que devem se pautar pelo respeito ao sujeito humano e seus direitos fundamentais. Por constituir a expressão de valores universais, tais como os constantes na Declaração Universal dos Direitos Humanos; socioculturais, que refletem a realidade do país; e de valores que estruturam uma profissão, um

Código de Ética não pode ser visto como um conjunto fixo de normas e imutável no tempo. As sociedades mudam, as profissões se transformam e isso exige, também, uma reflexão contínua sobre o próprio código de ética que nos orienta. A formulação deste Código de Ética, o terceiro da profissão de psicólogo no Brasil, responde ao contexto organizativo dos psicólogos, ao momento do país e ao estágio de desenvolvimento da psicologia enquanto campo científico e profissional. Este Código de Ética dos Psicólogos é reflexo da necessidade, sentida pela categoria e suas entidades representativas, de atender à evolução do contexto institucional legal do país, marcadamente a partir da promulgação da denominada Constituição Cidadã, em 1988, e das legislações dela decorrentes.

Consoante com a conjuntura democrática vigente, o presente Código foi construído a partir de múltiplos espaços de discussão sobre a ética da profissão, suas responsabilidades e compromissos com a promoção da cidadania. O processo ocorreu ao longo de três anos, em todo o país, com a participação direta dos psicólogos e aberto à sociedade. Por fim, foi aprovado e passou a vigorar em 21/07/2005 – Resolução CFP 010/2005.

Este Código de Ética pautou-se pelo princípio geral de aproximar-se mais de um instrumento de reflexão do que de um conjunto de normas a serem seguidas pelo psicólogo. Para tanto, na sua construção buscou-se:

a. Valorizar os princípios fundamentais como grandes eixos que devem orientar a relação do psicólogo com a sociedade, a profissão, as entidades profissionais e a ciência, pois esses eixos atravessam todas as práticas e estas demandam uma contínua reflexão sobre o contexto social e institucional.

b. Abrir espaço para a discussão, pelo psicólogo, dos limites e interseções relativos aos direitos individuais e coletivos, questão crucial para as relações que estabelece com a sociedade, os colegas de profissão e os usuários ou beneficiários dos seus serviços.

c. Contemplar a diversidade que configura o exercício da profissão e a crescente inserção do psicólogo em contextos institucionais e em equipes multiprofissionais.

d. Estimular reflexões que considerem a profissão como um todo e não em suas práticas particulares, uma vez que os principais dilemas éticos não se restringem a práticas específicas e surgem em quaisquer contextos de atuação.

Ao aprovar e divulgar o Código de Ética Profissional do Psicólogo, a expectativa é de que ele seja um instrumento capaz de delinear para a sociedade as responsabilidades e deveres do psicólogo, oferecer diretrizes para a sua formação e balizar os julgamentos das suas ações, contribuindo para o fortalecimento e ampliação do significado social da profissão.

Princípios fundamentais

I. O psicólogo baseará o seu trabalho no respeito e na promoção da liberdade, da dignidade, da igualdade e da integridade do ser humano, apoiado nos valores que embasam a Declaração Universal dos Direitos Humanos.

II. O psicólogo trabalhará visando promover a saúde e a qualidade de vida das pessoas e das coletividades e contribuirá para a eliminação de quaisquer formas de negligência, discriminação, exploração, violência, crueldade e opressão.

III. O psicólogo atuará com responsabilidade social, analisando crítica e historicamente a realidade política, econômica, social e cultural.

IV. O psicólogo atuará com responsabilidade, por meio do contínuo aprimoramento profissional, contribuindo para o desenvolvimento da Psicologia como campo científico de conhecimento e de prática.

V. O psicólogo contribuirá para promover a universalização do acesso da população às informações, ao conhecimento da ciência psicológica, aos serviços e aos padrões éticos da profissão.

VI. O psicólogo zelará para que o exercício profissional seja efetuado com dignidade, rejeitando situações em que a Psicologia esteja sendo aviltada.

VII. O psicólogo considerará as relações de poder nos contextos em que atua e os impactos dessas relações sobre as suas atividades profissionais, posicionando-se de forma crítica e em consonância com os demais princípios deste Código.

Das responsabilidades do psicólogo

Art. 1º – São deveres fundamentais dos psicólogos:

a. Conhecer, divulgar, cumprir e fazer cumprir este Código;

b. Assumir responsabilidades profissionais somente por atividades para as quais esteja capacitado pessoal, teórica e tecnicamente;

c. Prestar serviços psicológicos de qualidade, em condições de trabalho dignas e apropriadas à natureza desses serviços, utilizando princípios, conhecimentos e técnicas reconhecidamente fundamentados na ciência psicológica, na ética e na legislação profissional;

d. Prestar serviços profissionais em situações de calamidade pública ou de emergência, sem visar benefício pessoal;

e. Estabelecer acordos de prestação de serviços que respeitem os direitos do usuário ou beneficiário de serviços de Psicologia;

f. Fornecer, a quem de direito, na prestação de serviços psicológicos, informações concernentes ao trabalho a ser realizado e ao seu objetivo profissional;

g. Informar, a quem de direito, os resultados decorrentes da prestação de serviços psicológicos, transmitindo somente o que for necessário para a tomada de decisões que afetem o usuário ou beneficiário;

h. Orientar a quem de direito sobre os encaminhamentos apropriados, a partir da prestação de serviços psicológicos, e fornecer, sempre que solicitado, os documentos pertinentes ao bom termo do trabalho;

i. Zelar para que a comercialização, aquisição, doação, empréstimo, guarda e forma de divulgação do material privativo do psicólogo sejam feitas conforme os princípios deste Código;

j. Ter, para com o trabalho dos psicólogos e de outros profissionais, respeito, consideração e solidariedade, e, quando solicitado, colaborar com estes, salvo impedimento por motivo relevante;

k. Sugerir serviços de outros psicólogos, sempre que, por motivos justificáveis, não puderem ser continuados pelo profissional que os assumiu inicialmente, fornecendo ao seu substituto as informações necessárias à continuidade do trabalho;

l. Levar ao conhecimento das instâncias competentes o exercício ilegal ou irregular da profissão, transgressões a princípios e diretrizes deste Código ou da legislação profissional.

Art. 2º – Ao psicólogo é vedado:

a. Praticar ou ser conivente com quaisquer atos que caracterizem negligência, discriminação, exploração, violência, crueldade ou opressão;

b. Induzir a convicções políticas, filosóficas, morais, ideológicas, religiosas, de orientação sexual ou a qualquer tipo de preconceito, quando do exercício de suas funções profissionais;

c. Utilizar ou favorecer o uso de conhecimento e a utilização de práticas psicológicas como instrumentos de castigo, tortura ou qualquer forma de violência;

d. Acumpliciar-se com pessoas ou organizações que exerçam ou favoreçam o exercício ilegal da profissão de psicólogo ou de qualquer outra atividade profissional;

e. Ser conivente com erros, faltas éticas, violação de direitos, crimes ou contravenções penais praticados por psicólogos na prestação de serviços profissionais;

f. Prestar serviços ou vincular o título de psicólogo a serviços de atendimento psicológico cujos procedimentos, técnicas e meios não estejam regulamentados ou reconhecidos pela profissão;

g. Emitir documentos sem fundamentação e qualidade técnico-científica;

h. Interferir na validade e fidedignidade de instrumentos e técnicas psicológicas, adulterar seus resultados ou fazer declarações falsas;

i. Induzir qualquer pessoa ou organização a recorrer a seus serviços;

j. Estabelecer com a pessoa atendida, familiar ou terceiro, que tenha vínculo com o atendido, relação que possa interferir negativamente nos objetivos do serviço prestado;

k. Ser perito, avaliador ou parecerista em situações nas quais seus vínculos pessoais ou profissionais, atuais ou anteriores, possam afetar a qualidade do trabalho a ser realizado ou a fidelidade aos resultados da avaliação;

l. Desviar para serviço particular ou de outra instituição, visando benefício próprio, pessoas ou organizações atendidas por instituição com a qual mantenha qualquer tipo de vínculo profissional;

m. Prestar serviços profissionais a organizações concorrentes de modo que possam resultar em prejuízo para as partes envolvidas, decorrentes de informações privilegiadas;

n. Prolongar, desnecessariamente, a prestação de serviços profissionais;

o. Pleitear ou receber comissões, empréstimos, doações ou vantagens outras de qualquer espécie, além dos honorários contratados, assim como intermediar transações financeiras;

p. Receber, pagar remuneração ou porcentagem por encaminhamento de serviços;

q. Realizar diagnósticos, divulgar procedimentos ou apresentar resultados de serviços psicológicos em meios de comunicação, de forma a expor pessoas, grupos ou organizações.

Art. 3º – O psicólogo, para ingressar, associar-se ou permanecer em uma organização, considerará a missão, a filosofia, as políticas, as normas e as práticas nela vigentes e sua compatibilidade com os princípios e regras deste Código.

Parágrafo único – Existindo incompatibilidade, cabe ao psicólogo recusar-se a prestar serviços e, se pertinente, apresentar denúncia ao órgão competente.

Art. 4º – Ao fixar a remuneração pelo seu trabalho, o psicólogo:

a. Levará em conta a justa retribuição aos serviços prestados e as condições do usuário ou beneficiário;

b. Estipulará o valor de acordo com as características da atividade e o comunicará ao usuário ou beneficiário antes do início do trabalho a ser realizado;

c. Assegurará a qualidade dos serviços oferecidos independentemente do valor acordado.

Art. 5º – O psicólogo, quando participar de greves ou paralisações, garantirá que:

a. As atividades de emergência não sejam interrompidas;

b. Haja prévia comunicação da paralisação aos usuários ou beneficiários dos serviços atingidos pela mesma.

Art. 6º – O psicólogo, no relacionamento com profissionais não psicólogos:

a. Encaminhará a profissionais ou entidades habilitados e qualificados demandas que extrapolem seu campo de atuação;

b. Compartilhará somente informações relevantes para qualificar o serviço prestado, resguardando o caráter confidencial das comunicações, assinalando a responsabilidade, de quem as receber, de preservar o sigilo.

Art. 7º – O psicólogo poderá intervir na prestação de serviços psicológicos que estejam sendo efetuados por outro profissional, nas seguintes situações:

a. A pedido do profissional responsável pelo serviço;

b. Em caso de emergência ou risco ao beneficiário ou usuário do serviço, quando dará imediata ciência ao profissional;

c. Quando informado expressamente, por qualquer uma das partes, da interrupção voluntária e definitiva do serviço;

d. Quando se tratar de trabalho multiprofissional e a intervenção fizer parte da metodologia adotada.

Art. 8º – Para realizar atendimento não eventual de criança, adolescente ou interdito, o psicólogo deverá obter autorização de ao menos um de seus responsáveis, observadas as determinações da legislação vigente;

§ 1º – No caso de não se apresentar um responsável legal, o atendimento deverá ser efetuado e comunicado às autoridades competentes;

§ 2º – O psicólogo responsabilizar-se-á pelos encaminhamentos que se fizerem necessários para garantir a proteção integral do atendido.

Art. 9º – É dever do psicólogo respeitar o sigilo profissional a fim de proteger, por meio da confidencialidade, a intimidade das pessoas, grupos ou organizações, a que tenha acesso no exercício profissional.

Art. 10 – Nas situações em que se configure conflito entre as exigências decorrentes do disposto no art. 9º e as afirmações dos princípios fundamentais deste Código, excetuando-se os casos previstos em lei, o psicólogo poderá decidir pela quebra de sigilo, baseando sua decisão na busca do menor prejuízo.

Parágrafo único – Em caso de quebra do sigilo previsto no *caput* deste artigo, o psicólogo deverá restringir-se a prestar as informações estritamente necessárias.

Art. 11 – Quando requisitado a depor em juízo, o psicólogo poderá prestar informações, considerando o previsto neste Código.

Art. 12 – Nos documentos que embasam as atividades em equipe multiprofissional, o psicólogo registrará apenas as informações necessárias para o cumprimento dos objetivos do trabalho.

Art. 13 – No atendimento à criança, ao adolescente ou ao interdito, deve ser comunicado aos responsáveis o estritamente essencial para se promoverem medidas em seu benefício.

Art. 14 – A utilização de quaisquer meios de registro e observação da prática psicológica obedecerá às normas deste Código e a legislação profissional vigente, devendo o usuário ou beneficiário, desde o início, ser informado.

Art. 15 – Em caso de interrupção do trabalho do psicólogo, por quaisquer motivos, ele deverá zelar pelo destino dos seus arquivos confidenciais.

§ 1º – Em caso de demissão ou exoneração, o psicólogo deverá repassar todo o material ao psicólogo que vier a substituí-lo, ou lacrá-lo para posterior utilização pelo psicólogo substituto.

§ 2º – Em caso de extinção do serviço de Psicologia, o psicólogo responsável informará ao Conselho Regional de Psicologia, que providenciará a destinação dos arquivos confidenciais.

Art. 16 – O psicólogo, na realização de estudos, pesquisas e atividades voltadas para a produção de conhecimento e desenvolvimento de tecnologias:

a. Avaliará os riscos envolvidos, tanto pelos procedimentos, como pela divulgação dos resultados, com o objetivo de proteger as pessoas, grupos, organizações e comunidades envolvidas;

b. Garantirá o caráter voluntário da participação dos envolvidos, mediante consentimento livre e esclarecido, salvo nas situações previstas em legislação específica e respeitando os princípios deste Código;

c. Garantirá o anonimato das pessoas, grupos ou organizações, salvo interesse manifesto destes;

d. Garantirá o acesso das pessoas, grupos ou organizações aos resultados das pesquisas ou estudos, após seu encerramento, sempre que assim o desejarem.

Art. 17 – Caberá aos psicólogos docentes ou supervisores esclarecer, informar, orientar e exigir dos estudantes a observância dos princípios e normas contidas neste Código.

Art. 18 – O psicólogo não divulgará, ensinará, cederá, emprestará ou venderá a leigos instrumentos e técnicas psicológicas que permitam ou facilitem o exercício ilegal da profissão.

Art. 19 – O psicólogo, ao participar de atividade em veículos de comunicação, zelará para que as informações prestadas disseminem o conhecimento a respeito das atribuições, da base científica e do papel social da profissão.

Art. 20 – O psicólogo, ao promover publicamente seus serviços, por quaisquer meios, individual ou coletivamente:

a. Informará o seu nome completo, o CRP e seu número de registro;

b. Fará referência apenas a títulos ou qualificações profissionais que possua;

c. Divulgará somente qualificações, atividades e recursos relativos a técnicas e práticas que estejam reconhecidas ou regulamentadas pela profissão;

d. Não utilizará o preço do serviço como forma de propaganda;

e. Não fará previsão taxativa de resultados;

f. Não fará autopromoção em detrimento de outros profissionais;

g. Não proporá atividades que sejam atribuições privativas de outras categorias profissionais;

h. Não fará divulgação sensacionalista das atividades profissionais.

Das disposições gerais

Art. 21 – As transgressões dos preceitos deste Código constituem infração disciplinar com a aplicação das seguintes penalidades, na forma dos dispositivos legais ou regimentais:

a. Advertência;

b. Multa;

c. Censura pública;

d. Suspensão do exercício profissional, por até 30 (trinta) dias, *ad referendum* do Conselho Federal de Psicologia;

e. Cassação do exercício profissional, *ad referendum* do Conselho Federal de Psicologia.

Art. 22 – As dúvidas na observância deste Código e os casos omissos serão resolvidos pelos Conselhos Regionais de Psicologia, *ad referendum* do Conselho Federal de Psicologia.

Art. 23 – Competirá ao Conselho Federal de Psicologia firmar jurisprudência quanto aos casos omissos e fazê-la incorporar a este Código.

Art. 24 – O presente Código poderá ser alterado pelo Conselho Federal de Psicologia, por iniciativa própria ou da categoria, ouvidos os Conselhos Regionais de Psicologia.

Art. 25 – Este Código entra em vigor em 27 de agosto de 2005.

Na legislação do Conselho Federal de Psicologia não há menção a nenhum juramento profissional formal, mas qualquer tipo de juramento deve levar em conta os preceitos acima apresentados no Código de Ética.

2
O Código de Ética Profissional do psicólogo – percurso histórico

Origens históricas

Desde a década de 1960, a disciplina de Psicologia começou a ser ministrada em território nacional, aplicada aos problemas educacionais. Com a aceleração do desenvolvimento sócio-econômico-cultural, as mudanças tornaram-se mais rápidas e abrangentes, exigindo outros padrões de respostas e formas de compreensão da realidade no campo da psicologia. Pioneiros como Franco da Rocha e Durval Marcondes dedicaram-se a introduzir e aplicar as técnicas psicanalíticas, desenvolvidas na Europa, para tratar nossos doentes mentais. Assim a psicologia foi se impondo, passo a passo, graças aos estudiosos que partilhavam seus conhecimentos e formavam, de modo não institucionalizado, outros profissionais na área psi.

Em 1945 foi fundada a Sociedade de Psicologia de São Paulo, por Klinenberg e Anita Cabral, promovendo reuniões científicas, conferências, cursos de extensão, seminários... Apesar de em 1954 ter sido fundada a Associação Brasileira de Psicólogos (ABP) que representou o Brasil na *International Union of Scientific Psychology*, apenas em novembro de 1953 foi enviada a primeira proposta para a criação do Curso de Psicologia no Brasil. A Lei estadual 3.862 de 28/05/1957 regulamentou o curso que teve seu início em 1958, na Universidade de São Paulo. A primeira turma formou-se em 1960, no Rio de Janeiro. Os professores eram oriundos de outros países, nem sempre compreendendo e trazendo alternativas para nossos problemas sociais.

A formalização da Psicologia como profissão ocorreu com a Lei 4.119 de 27/08/1962 que dispõe sobre os cursos de formação em psicologia e regulamenta a profissão de psicólogo e o Decreto 53.464, de 21/01/1964 que regulamenta a Lei 4.119 e discorre sobre a estruturação dos cursos de psicologia, nas Faculdades de Filosofia, em cursos de bacharelado, licenciatura e psicologia, seu currículo mínimo e sobre os direitos conferidos ao diplomado em cada um deles. Ao bacharel cabe lecionar Psicologia em cursos de grau médio; ao licenciado, lecionar Psicologia; ao psicólogo, ensinar Psicologia e exercer a profissão. Estabelece como funções privativas do psicólogo o diagnóstico psicológico, a orientação e seleção de pessoal, a orientação psicopedagógica, a solução de problemas de ajustamento, a colaboração em assuntos psicológicos ligados a outras ciências.

Determina como exigência para o funcionamento dos cursos, a organização de serviços clínicos e de aplicação à educação e ao trabalho, abertos ao público. Essa lei também regulamenta o exercício profissional daqueles que já vinham exercendo ou que tivessem exercido a profissão por mais de cinco anos, podendo ser expedido o registro profissional de psicólogo.

O parecer 403/1962 do Conselho Federal da Educação versa sobre o currículo do curso de Psicologia no território brasileiro, com a colaboração dos professores Lourenço Filho e Nilton Campos (Universidade do Brasil), Carolina Martuscelli Bori (Universidade de São Paulo), Padre Antonius Benko (Pontifícia Universidade Católica do Rio de

Janeiro), Pedro Parafita Bessa (Universidade de Minas Gerais). Em seu parágrafo inicial, reproduzido abaixo, contextualiza a importância da criação do curso e as preocupações éticas que perduram até os dias de hoje.

> Esta é a primeira vez que, no Brasil, fixa-se oficialmente um currículo de Psicologia, visando a direitos de exercício profissional. Tais direitos decorrem da Lei 4.119 de 27 de agosto último, que veio inegavelmente, ao regulamentar a profissão de Psicólogo, preencher uma lacuna de que já se ressentia o quadro de nossos trabalhadores de grau universitário. Dadas, porém, as características muito especiais da nova profissão, é preciso que desde logo se procure elevar este curso a um nível de qualificação intelectual e de prestígio social que permita aos seus diplomados exercer o mister do trabalho psicológico de modo eficaz e com plena responsabilidade. Para isso é imperativo que se acentue o caráter científico dos estudos a serem realizados, que só assim há de ser possível assegurar à psicologia a posição de relevo que lhe cabe, o conceito das chamadas profissões liberais e, *pari passu*, evitar as improvisações que, do charlatanismo, a levariam fatalmente ao descrédito.

Em 1967, a Associação Brasileira de Psicólogos, presidida por Arrigo Angelini elaborou e aprovou um Código de Ética, composto por cinco princípios fundamentais e 40 artigos, que foi modificado em 1975 transformando-se no Primeiro Código de Ética oficial de nossa classe profissional (VILARINHO, 2000).

Somente em 1971, a Lei 5.766 cria o Conselho Federal e os Conselhos Regionais de Psicologia, com o fito de regulamentar, orientar, disciplinar e fiscalizar o exercício da profissão, elaborando o primeiro Código de Ética, aprovado pela Resolução CFP 008/75, de 02/02/1975, publicada no *Diário Oficial da União* em 08/04/1975.

Código de Ética Profissional do Psicólogo de 1975

Aborda nos cinco PRINCÍPIOS FUNDAMENTAIS apresentados a regulamentação da formação profissional, o trabalho embasado no respeito pelo outro e por sua integridade, com a observância do princípio da benevolência, a importância da formação, da responsabilidade profissional e do aprimoramento pessoal e profissional. Consta ainda de 13 capítulos: DAS RESPONSABILIDADES GERAIS DO PSICÓLOGO (deveres e atos vedados – art. 1º e 2 º), DAS RESPONSABILIDADES PARA COM O CLIENTE (art. 3º ao 5º), DAS RESPONSABILIDADES E RELAÇÕES COM AS INSTITUIÇÕES EMPREGADORAS (art. 6º e 7º), DAS RELAÇÕES COM OUTROS PSICÓLOGOS (art. 8º ao 11º), DAS RELAÇÕES COM OUTROS PROFISSIONAIS (art. 12º e 13º), DAS RELAÇÕES COM ASSOCIAÇÕES CONGÊNERES E REPRESENTATIVAS DO PSICÓLOGO (art. 14º e 15º), DAS RELAÇÕES COM A JUSTIÇA (art. 16º ao 20º), DO SIGILO PROFISSIONAL (art. 21º ao 24º), DAS COMUNICAÇÕES CIENTÍFICAS E DAS PUBLICAÇÕES (art. 25º ao 31º), DA PUBLICIDADE PROFISSIONAL (art. 32º e 33º), DOS HONORÁRIOS PROFISSIONAIS (art. 34º e 35º), DA FISCALIZAÇÃO DO EXERCÍCIO PROFISSIONAL DA PSICOLOGIA E CUMPRIMENTO DOS PRINCÍPIOS ÉTICOS (art. 36º ao 38º), DISPOSIÇÕES GERAIS (art. 39ºe 40º). O Código na íntegra é apresentado no Anexo 1.

O Código de Ética de 1975 já enfatizava a importância da formação contínua, do conhecimento e do respeito pelas limitações impostas pelo desenvolvimento pessoal, estruturação da personalidade e saber de cada profissional. Salientava também as funções sociais da psicologia, devendo ser aplicada em prol do bem-estar da coletividade, vedando o uso mercantilista, o desrespeito à privacidade, ao sigilo, à confidencialidade, a utilização de títulos impróprios, o desvio de pacientes, a cumplicidade com o exercício ilegal da profissão, o uso de técnicas hipnóticas em interrogatórios.

Cabe lembrar que esse Código foi elaborado na época do regime militar, quando as liberdades de imprensa, de expressão, estavam proibidas e a repressão imposta pelo regime ditatorial imperava com violento desrespeito pelos direitos humanos, gerando medo, perseguições, torturas e desaparecimentos. Era preciso salientar essa preocupação no Código de Ética de forma sutil, para que o mesmo também não fosse vetado.

Após quatro anos da regulamentação do primeiro Código de Ética oficial, em 1979, por ocasião da comemoração do centenário da psicologia como ciência comportamental, algumas reformulações foram realizadas no primeiro código e aprovadas pela Resolução do CFP 029/79, que revoga a Resolução CFP 08/1975 de 02/02/1975.

Código de Ética Profissional do Psicólogo de 1979

O segundo Código, reformulado no contexto político da ditadura militar, apresenta cinco PRINCÍPIOS FUNDAMENTAIS e 50 artigos, 10 a mais que o primeiro e mais alíneas. No quarto Princípio Fundamental é salientado o trabalho em equipe. Dispõe de 12 capítulos: DAS RESPONSABILIDADES GERAIS DO PSICÓLOGO (deveres e atos vedados – art. 1º e 2 º), DAS RESPONSABILIDADES PARA COM O CLIENTE (art. 3º ao 5º), DAS RESPONSABILIDADES E RELAÇÕES COM AS INSTITUIÇÕES EMPREGADORAS E OUTRAS (art. 6º e 7º), DAS RELAÇÕES COM OUTROS PSICÓLOGOS (art. 8º ao 13º), DAS RELAÇÕES COM OUTROS PROFISSIONAIS (art. 14º e 15º), DAS RELAÇÕES COM ASSOCIA-

ÇÕES CONGÊNERES E REPRESENTATIVAS DO PSICÓLOGO (art. 16° e 17°), DAS RELAÇÕES COM A JUSTIÇA (art. 18° ao 22°), DO SIGILO PROFISSIONAL (art. 23° ao 29°), DAS COMUNICAÇÕES CIENTÍFICAS E DA DIVULGAÇÃO AO PÚBLICO (art. 30° ao 37°), DA PUBLICIDADE PROFISSIONAL (art. 38° e 39°), DOS HONORÁRIOS PROFISSIONAIS (art. 40° e 41°), DA OBSERVÂNCIA, APLICAÇÃO E CUMPRIMENTO DO CÓDIGO DE ÉTICA (art. 42° ao 50°). O Código na íntegra é apresentado no Anexo 2.

Pode-se observar uma referência ao trabalho em equipe, despontado na época (no quarto princípio fundamental, no art. 4° alínea "b" e art. 26). A diminuição do autoritarismo político faz-se notar também pela exclusão da alínea "h" do art. 4° do primeiro Código que vetava o interrogatório sob ação hipnótica. Artigos mais explícitos a respeito do sigilo profissional, garantindo a confidencialidade e a anuência do examinando foram acrescentados nos artigos 25 parágrafos 1° e 2°, 26, 27 e parágrafo único, 29, 33, 34 e 35; as relações com a Justiça tornaram-se mais explicitadas, definindo-se também o grau de parentesco permitido nos casos de peritagem. A autonomia para exercer as funções de ensino, pesquisa e supervisão foram mencionados nos artigos 30, 37 e 49. Com o aumento do número de psicólogos as relações com a classe foram mais explicitadas nos artigos 11, 12 e 13.

Após 25 anos da regulamentação da profissão e oito após a regulamentação do último Código, com uma situação política menos ameaçadora e mais democrática, foi aprovada em 15/08/1987, a Resolução do CFP 002/87 que apresenta o terceiro Código de Ética Profissional dos Psicólogos, revogando a Resolução CFP 029/79 de 30/08/1979, bem como as demais disposições em contrário.

Código de Ética Profissional do Psicólogo de 1987 (e resoluções complementares)

O Código de 1987 apresenta sete PRINCÍPIOS FUNDAMENTAIS, 50 artigos, e uma grande quantidade de alíneas, expressando as dificuldades e reflexões ao longo do percurso. Nos princípios fundamentais é enfocado o respeito pelo outro e por sua integridade, com a observância do princípio da benevolência; a importância da formação, da responsabilidade profissional e do aprimoramento pessoal e profissional. Acrescenta a função social do psicólogo por meio de uma análise crítica da realidade e da *"colaboração na criação de condições que visem eliminar a opressão e a marginalização do ser humano"* (Princípio Fundamental IV) e pode enfim citar, no Princípio Fundamental VII, a observância do estabelecido na Declaração dos Direitos Humanos (aprovada em 10/12/ 1948). Dispõe de 10 capítulos: DAS RESPONSABILIDADES GERAIS DO PSICÓLOGO (deveres e atos vedados – art. 1º ao 3º), com detalhamento, distribuído em um total de 23 alíneas, DAS RESPONSABILIDADES E RELAÇÕES COM AS INSTITUIÇÕES EMPREGADORAS (art. 4º ao 6º), DAS RELAÇÕES COM OUTROS PROFISSIONAIS OU PSICÓLOGOS (art. 7º ao 14º), DAS RELAÇÕES COM A CATEGORIA (art. 15º e 16º), DAS RELAÇÕES COM A JUSTIÇA (art. 17º ao 20º), DO SIGILO PROFISSIONAL (art. 21º ao 29º), DAS COMUNICAÇÕES CIENTÍFICAS E DA DIVULGAÇÃO AO PÚBLICO (art. 30º ao 35º), DA PUBLICIDADE PROFISSIONAL (art. 36º ao 38º), DOS HONORÁRIOS PROFISSIONAIS (art. 39º e 40º), DA OBSERVÂNCIA, APLICAÇÃO E CUMPRIMENTO DO CÓDIGO DE ÉTICA (art. 41º ao 50º).

Em 20/02/1995, a Resolução CFP 002/95 introduz a alínea "o" no art 2º *"prestar serviço ou mesmo vincular seu título de*

Psicólogo a serviços de atendimento psicológico por via telefônica". O Código de Ética com a reformulação é apresentado no Anexo 3.

A Resolução CFP 005/1988, de 1º de outubro de 1988 institui o Código de Processamento Disciplinar, dispondo sobre os procedimentos preliminares para a instauração dos processos disciplinares; os atos processuais; a instrução do processo; as penalidades; os recursos; os julgamentos do CFP; as execuções e as revisões.

A partir da década de 1990 várias Resoluções do Conselho Federal de Psicologia foram criadas para complementar e retificar o Código de Ética, atendendo às especificações, mudanças, dilemas que demandam das constantes mudanças da realidade que nos cerca e da forma como a percebemos e interpretamos, o que nos impõe desafios, nos questiona, nos coloca em busca de respostas e parâmetros para que possamos regulamentar alguns aspectos possíveis.

O Conselho Regional de Psicologia 6ª Região possui um regimento interno aprovado pelo Conselho Federal de Psicologia, pela Resolução CFP 016/2001.

Passos importantes em direção à questão da garantia dos direitos humanos têm sido dados por nossa sociedade e embasam nosso código de ética anterior e suas resoluções complementares, bem como o atual. Destacamos a Declaração Universal dos Direitos Humanos (10/12/1948), a Constituição Federal do Brasil de 1988, denominada Constituição Cidadã, o Estatuto da Criança e do Adolescente (Lei 8.069 de 13/07/1990), o Estatuto do Idoso (Lei 10.741, de 1/10/2003), a Resolução do Conselho Nacional da Saúde/Ministério da Saúde 196/96, que versa sobre as Normas Éticas da Pesquisa Envolvendo Seres Humanos.

Trinta anos após a entrada em vigor do primeiro Código de Ética Profissional e 43 anos após a regulamentação da Psicologia como profissão, temos aprovado pela Resolução CFP 10/2005, em vigor desde 27 de agosto de 2005, o atual Código, com discussões democráticas, votações pelo site do CRP, amplas plenárias e discussões, refletindo nosso aprendizado democrático e nossa luta pela atuação social do psicólogo.

Código de Ética Profissional do Psicólogo de 2005

A apresentação do atual Código de Ética enfatiza sua concepção reflexiva e norteadora, com a valorização de seus princípios fundamentais que deveriam embasar a relação psicólogo/sociedade/ciência por perpassar suas práticas, independentemente do campo de atuação.

> Um Código de Ética profissional, ao estabelecer padrões esperados quanto às práticas referendadas pela respectiva categoria profissional e pela sociedade, procura fomentar a autorreflexão exigida de cada indivíduo acerca da sua práxis, de modo a responsabilizá-lo, pessoal e coletivamente, por ações e suas consequências no exercício profissional. A missão primordial de um código de ética profissional não é de normatizar a natureza técnica do trabalho, e, sim, a de assegurar, dentro de valores relevantes para a sociedade e para as práticas desenvolvidas, um padrão de conduta que fortaleça o reconhecimento social daquela categoria (Código de Ética Profissional do Psicólogo, p. 5).

O Código de Ética é composto por sete PRINCÍPIOS FUNDAMENTAIS e 25 artigos (alguns com várias alíneas), 25 artigos a menos que o anterior. Os artigos são dispostos de forma mais clara e abrangente, em geral englobando as resoluções que ao longo desses 18 anos complementaram o segundo código. Vale ressaltar que as resoluções, por serem mais específicas, trazem procedimentos mais claros sobre cada tema tratado, ainda devendo respaldar o exercício profissional. Possivelmente outras resoluções ainda sejam editadas se considerarmos a transformação constante do ser e da sociedade, trazendo sempre novos imperativos para a prática profissional.

Nos Princípios Fundamentais é enfocado o respeito pelo outro e por sua integridade, com destaque para a promoção da liberdade, da dignidade, da igualdade. Ao psicólogo é atribuída a função social de promover a saúde e a qualidade de vida, de promover a análise crítica das situações e da realidade que o rodeia e de ser agente de transformação. A importância da formação, da responsabilidade profissional e do aprimoramento pessoal e profissional também é destacada.

Dispõe de dois capítulos, no primeiro: DAS RESPONSABILIDADES DO PSICÓLOGO, são abordados: os deveres fundamentais (art. 1º, 12 alíneas); os atos vedados (art. 2º, 17 alíneas), a postura do profissional frente às instituições (art. 3º); a fixação da remuneração (art. 4º, 3 alíneas); a postura ao participar de greves e paralisações (art. 5º, 2 alíneas); o relacionamento com outros profissionais (art. 6º, 2 alíneas e 7º, 4 alíneas); os procedimentos para o atendimento, eventual ou não, de crianças e adolescentes (art. 8º, 2 incisos); a questão do sigilo profissional é melhor explicitada e circunstanciada (art. 9º ao 15º, 2 incisos); os procedimentos de pesquisa (art. 16, 4 alíneas); a docência e a supervisão (art. 17); os instrumentos e técnicas psicológicas (art. 18º); as atividades em veículos de comunicação (art. 19), as condições necessárias para a promoção pública de serviços (art. 20, 8 alíneas). O segundo capítulo versa sobre AS DISPOSIÇÕES GERAIS, sendo composto por cinco artigos, que dizem respeito à observância do presente código (art. 21º ao 25º).

Esse Código de Ética explicita em seus artigos a questão do preconceito racial e sexual, englobando a Resolução CFP 001/99 que estabelece as normas de atuação para os psicólogos em relação à questão da Orientação Sexual e a Resolução CFP 018/2002 que estabelece normas de atuação para os psicólogos em relação ao preconceito e à discriminação racial.

3
Princípios fundamentais da ética

Uma das questões que permeia nossos atos, em geral de forma inconsciente e inequívoca, baseia-se na dúvida quanto à distinção entre o bem e o mal. Esse paradoxo tão facilmente distinguível e retratável nas histórias e contos infantis, por meio de metáforas como belo/feio, princesa/bruxa, preto/branco etc., raramente aparece tão claramente na vida cotidiana, pois somos humanos, seres complexos, ambíguos, dificilmente definíveis como um todo, pois também desconhecemos partes de nós mesmos, partes que se revelam aos poucos, ao longo da existência, dependendo de nossos esforços em prol do desenvolvimento pessoal, das circunstâncias mais ou menos favoráveis de vida, da marca do tempo sobre nós.

Nesse caleidoscópio que é o ser humano, sempre mutável, "sempre em busca de...", também buscamos compreender o outro, compreender esse emaranhado fascinante que é a mente humana, os intrincados processos mentais e as tão variadas formas de manifestação, formas de elaboração da dor, da tristeza, da alegria.

Levando-se em conta tal dimensão, a distinção entre o bem e o mal se torna algo sempre complexo, que precisa ser abordado de forma universal, por meio da reflexão dos problemas gerais e fundamentais da existência, e também de forma mais específica por meio da reflexão e compreensão das aplicações concretas.

Poderíamos enveredar pela sedução de discutirmos os princípios fundamentais da ética, as noções de bem e mal, de liberdade, de valor e suas manifestações no decorrer dos séculos, embasando as leis, a política, a organização social dos povos. Poderíamos percorrer algumas indagações, tais como: O que é a Liberdade? Pode existir uma Liberdade somente externa? Até que ponto a opressão externa pode minar a Liberdade interna? Pode existir Liberdade sem Responsabilidade? Existe Liberdade Ética? Existe uma Verdade Absoluta? O que é Absoluto na vida? O que é a Verdade? O que é a Mentira? Por quê? Para quem? Quando? Onde?

Quando pensamos em ética? Quando? Quando nos encontramos em um dilema, e o que nos possibilita vivenciá-lo é exatamente a liberdade interna de pensar, de questionar, de rapidamente, talvez, formular algumas das questões acima destacadas.

A ética é a possibilidade de refletir, de se responsabilizar, muitas vezes de ousar, ousar pensar, questionar ao outro e a si. É uma reflexão sobre os costumes e as ações humanas, que ocorre dentro de um contexto sócio-político-econômico-cultural. Falar em ética é falar de liberdade, de normas, de leis, de respeito, de responsabilidade, de subjetividade, de opção, de arte, de cultura.

Partindo-se do pressuposto de que a ética implica uma interiorização das normas ao longo da vida, tendo como sustentáculo as relações afetivas, torna-se muito difícil pensá-la como algo a ser ensinado cognitivamente. Explora-se a importância da relação interpessoal, enquanto um modelo no qual essas condutas éticas se expressam e consolidam, viabilizando o caminho da reflexão (ROMARO, 2002).

> A forma como podemos lidar com as figuras que representam a autoridade acabará por determinar o padrão de aprendizagem e o tipo de relação estabelecido com as figuras do professor, do

terapeuta, do chefe, das autoridades políticas. Se a figura de autoridade for introjetada de forma afetiva, com a integração dos impulsos libidinais e destrutivos, será mais fácil perceber as duas faces da lei, a punitiva e a protetora, será mais fácil lidar com o não saber, com as frustrações, reconhecer direitos e deveres, lidar com os fracassos e principalmente com o sucesso, sem tornar-se um líder despótico. Por outro lado, quando a figura que representa a autoridade for introjetada sem afeto, com o predomínio dos impulsos destrutivos, desafiar, transgredir, ludibriar, poderá ser a tônica da vida, tornando-se muito difícil lidar com as frustrações, com o não saber, com o limite (ROMARO, 2002).

A relação de igualdade, respeito, busca da verdade e do conhecimento deveria permear qualquer processo de aprendizagem, no qual mestre e aprendiz deveriam enveredar em uma mesma direção, em uma mesma busca, podendo lidar com as frustrações, reconhecendo-se primeiramente enquanto pessoas, independentemente de rótulos ou posições.

As transformações sofridas pela sociedade, quer por questões econômicas, políticas, sociais, descobertas científicas, também redundam em um questionamento de valores e em dilemas éticos, na tentativa de se formar um ser humano menos alienado e manipulável, que possa usufruir os novos conhecimentos sem perder ou perverter suas características humanas, sem perverter sua liberdade.

De acordo com Goldin (2002), os dilemas éticos estão sempre presentes em situações passíveis de desencadearem conflitos de interesses (quando um interesse secundário sobrepõe-se a um primário), sejam esses religiosos, educacionais, econômicos, ideológicos, sociais, científicos, assistenciais, pessoais.

Os dilemas éticos têm acirrado as questões relativas à Bioética na tentativa de preservar a dignidade, a possibilidade de escolha e o respeito pelo outro, não mais paciente, mas parceiro na busca de respostas, de alternativas.

Ao analisarmos o Código de Ética Profissional do Psicólogo e as Resoluções Complementares do período de 1996 a 2005, percebemos que quase todos os artigos e alíneas baseiam-se nos princípios da Não Maleficência, Beneficência, Autonomia e Justiça, buscando sempre minimizar os riscos envolvidos em quaisquer procedimentos, sejam estes de pesquisa ou não, maximizando os benefícios, respeitando a autonomia, a possibilidade de escolha, a individualidade e o tratamento igualitário, garantindo condições de sigilo, privacidade e confidencialidade.

Para tal, uma formação acadêmica e pessoal sólida do psicólogo torna-se indispensável, considerando-se a necessidade de se fazer diagnósticos (clínicos, institucionais, sociais...), reconhecer os limites da técnica proposta, a potencialidade da situação/outro a ser atendida e os próprios limites pessoais do profissional.

Ao lado da formação acadêmica, também se torna imprescindível que o profissional empreenda um trabalho pessoal de análise ou psicoterapia, principalmente na atuação clínica e hospitalar. O instrumento do psicólogo é sua própria condição egoica, que se expressa na forma como lida com seus conteúdos internos, sua formação e com o outro (colegas, clientes, instituições).

Nem sempre na prática nos questionamos ou procuramos fazer relações com os princípios éticos fundamentais envolvidos, como também não ficamos nos questionando sobre o que é ou não ético, a menos que uma situação inusitada ou um dilema ético se apresente, como já foi dito anteriormente. Então percebemos que os princípios sempre estão inter-relacionados, sendo um uma extensão do outro.

O princípio da não maleficência, na prática, é difícil de se distinguir da beneficência, como observamos nas resoluções que versam sobre o emprego de técnicas ainda não reconhecidas pela ciência e sobre os procedimentos de pesquisa.

O princípio da autonomia é respeitado quando estabelecemos um contrato de trabalho, claro, objetivo, em qualquer modalidade de atuação, esclarecendo sobre os objetivos, alcances do trabalho proposto e riscos envolvidos.

O princípio da justiça é perpetuado quando lutamos pelos direitos humanos, pelos direitos das crianças, dos jovens, das mulheres, dos idosos, quando denunciamos as violações à vida, à liberdade, às discriminações envolvendo o gênero, a raça, a cor, a condição social, as condições inadequadas de prestação de serviços, os tratamentos iatrogênicos e desumanos.

No ano de 2000, no Congresso Mundial de Bioética de Gijón, na Espanha, foi aprovada a Declaração de Bioética de Gijón, que afirma que a ciência e a tecnologia devem ser compatíveis com a preservação dos direitos humanos, especificando 15 (quinze) observações e recomendações, que em sua essência enfatizam a necessidade de o desenvolvimento científico e tecnológico servirem ao bem-estar da humanidade, independentemente do desenvolvimento econômico dos países.

4
Regulamentações sobre o exercício profissional e o Código de Processamento Disciplinar

Legislação sobre o exercício profissional

As resoluções do Conselho Federal de Psicologia buscam explicitar as normas e os procedimentos que norteiam e legislam a atuação profissional, bem como acompanhar as demandas sempre emergentes da realidade que implicam um repensar de métodos, de técnicas e de posicionamentos.

A Resolução CFP 018/2000 institui a consolidação das Resoluções do Conselho Federal de Psicologia, considerando entre outras a necessidade de aperfeiçoamento e atualização permanente de toda a legislação que disciplina a atividade profissional do psicólogo e a necessidade de readequação das normas internas dos conselhos em virtude da declaração de inconstitucionalidade do art. 58 da Lei 9.649/98. Regulamenta os seguintes aspectos: da caracterização da profissão, dos Conselhos Regionais de Psicologia, das inscrições e dos registros, do exercício profissional, das infrações disciplinares, das disposições especiais e da inadimplência.

A Resolução CFP 003/2007 revoga as Resoluções CFP 018/2000, 004/2002, 003/2003, 009/2003 e 002/2005. Por sua vez a Resolução CFP 001/2012, altera a Resolução CFP 003/2007 e 010/2007.

Vejamos com mais vagar alguns desses aspectos, considerando, quando se aplicar, as alterações dispostas nas Resoluções CFP. Para as atribuições profissionais do Psicólogo no Brasil foi adotada a caracterização básica aprovada pelo IV Plenário do Conselho Federal de Psicologia e enviada ao Ministério do Trabalho para integrar o Catálogo Brasileiro de Ocupações – CBO. A Resolução CFP 018/2000 traz em seu artigo 2º definições do que se considera métodos e técnicas:

> **Art. 2º** – Os métodos e as técnicas psicológicas utilizadas no exercício das funções privativas do Psicólogo a que se refere o § 1º do art. 13 da Lei nº 4.119, de 27 de agosto de 1962, são entendidos da seguinte forma:
>
> I. MÉTODO – conjunto sistemático de procedimentos orientados para fins de produção ou aplicação de conhecimentos;
>
> II. TÉCNICA – entende-se como toda atividade específica, coerente com os princípios gerais estabelecidos pelo método;
>
> III. MÉTODOS PSICOLÓGICOS – conjunto sistemático de procedimentos aplicados à compreensão e intervenção em fenômenos psíquicos nas suas interfaces com os processos biológicos e socioculturais, especialmente aqueles relativos aos aspectos intra e interpessoais;
>
> IV. DIAGNÓSTICO PSICOLÓGICO – é o processo pelo qual, por intermédio de Métodos e Técnicas Psicológicas, analisa-se e estuda-se o comportamento de pessoas, de grupos, de instituições e de comunidades, na sua estrutura e no seu funcionamento, identificando-se as variáveis nele envolvidas;
>
> V. ORIENTAÇÃO PROFISSIONAL – é o processo pelo qual, por intermédio de Métodos e Técnicas Psicológicas, investigam-se os interesses, aptidões e características de personalidade do consultante, visando proporcionar-lhe condições para a escolha de uma profissão;

VI. SELEÇÃO PROFISSIONAL – é o processo pelo qual, por intermédio de Métodos e Técnicas Psicológicas, objetiva-se diagnosticar e prognosticar as condições de ajustamento e desempenho da pessoa a um cargo ou atividade profissionais, visando alcançar eficácia organizacional e procurando atender às necessidades comunitárias e sociais;

VII. ORIENTAÇÃO PSICOPEDAGÓGICA – é o processo pelo qual, por intermédio de Métodos e Técnicas Psicológicas, proporcionam-se condições instrumentais e sociais que facilitem o desenvolvimento da pessoa, do grupo, da organização e da comunidade, bem como condições preventivas e de solução de dificuldades, de modo a atingir os objetivos escolares, educacionais, organizacionais e sociais;

VIII. SOLUÇÃO DE PROBLEMAS DE AJUSTAMENTO – é o processo que propicia condições de autorrealização, de convivência e de desempenho para o indivíduo, o grupo, a instituição e a comunidade, mediante métodos psicológicos preventivos, psicoterápicos e de reabilitação.

Quanto aos Conselhos Regionais de Psicologia (CRP), elenca as zonas de jurisdição, os critérios de criação de novos CRPs, dispõe sobre o número de conselheiros, do mandato das diretorias, das condições de acompanhamento dos CRPs, das inscrições e dos registros nos Conselhos Regionais.

Destacarei alguns artigos que versam sobre as inscrições e registros no CRP, salientando que todos são de suma importância para o exercício profissional, pois especificam a documentação necessária para a inscrição no CRP, para o cancelamento da profissão, para o exercício da profissão por tempo determinado, para o exercício de profissionais com formação no exterior, para a reinscrição do registro, para a interrupção temporária do exercício, para o pedido de transferência de CRP e os procedimentos necessários em caso de falecimento.

Art. 8º – O requerimento de inscrição de pessoa física será instruído com os seguintes documentos:

I – diploma de psicólogo, devidamente registrado, ou certidão de colação de grau de curso autorizado pelo órgão ministerial competente;

II – cédula de identidade;

III – comprovantes de votação da última eleição ou justificativas;

IV – CPF.

§ 1º – Os documentos deverão ser apresentados em original, com cópia autenticada pelo Conselho Regional de Psicologia, o qual devolverá o original e reterá a cópia autenticada. O documento de identificação não será aceito em mau estado de conservação, com prazo de validade expirado, ou se não contiver o nome atualizado em razão de qualquer alteração.

§ 2º – A certidão de colação de grau, nos termos do inciso I, deverá ser substituída pelo diploma de FORMAÇÃO DE PSICÓLOGO no prazo de 2 anos, contados da data de inscrição do profissional, findo o qual o Conselho Regional de Psicologia deverá, no primeiro dia útil do mês subsequente ao do vencimento, enviar ofício ao psicólogo concedendo-lhe o prazo de 30 (trinta) dias para regularização de sua situação.

§ 6º – As inscrições realizadas com certificado de colação de grau terão caráter provisório, sendo assim identificadas em todos os documentos.

§ 7º – A carteira de identidade relativa à inscrição provisória será padronizada pelo CFP e terá a palavra "PRO-

VISÓRIA" em destaque, devendo ser registrada a data de validade.

Art. 9º – O exercício da profissão, fora da área de jurisdição do Conselho Regional de Psicologia em que o profissional tem inscrição principal, também o obriga à inscrição secundária no Conselho competente.

§ 1º – As atividades que se desenvolvam em tempo inferior a 90 (noventa) dias por ano, em cada região, serão consideradas de natureza eventual e, por conseguinte, não sujeitarão o psicólogo à inscrição secundária.

§ 2º – Considera-se inscrição secundária o comunicado formal do psicólogo, ao CRP da jurisdição onde o trabalho será realizado, recebendo este um certificado de autorização do Conselho.

§ 3º – A inscrição secundária não acarretará ônus financeiro ao psicólogo.

§ 4º – Deverá se inscrever no Conselho Regional de Psicologia o portador de diploma de psicólogo que exerça atividades privativas dessa profissão, independentemente do seu enquadramento funcional na organização.

§ 5º – O certificado de que trata o parágrafo 2º será padronizado pelo CFP.

Art. 11 – O psicólogo poderá requerer o cancelamento da sua inscrição, desde que:

I – não esteja respondendo a processo ético;

II – não esteja exercendo a profissão de psicólogo.

Parágrafo único – A anuidade do ano em curso será cobrada proporcionalmente tendo como base o mês em que foi feito o requerimento, sendo este excluído do cálculo.

Art. 18 – A reinscrição do registro profissional perante os Conselhos Regionais de Psicologia dar-se-á a qualquer tempo, sendo que o número de registro original do Conselho será preservado para todos os efeitos.

Cabe ainda ressaltar aspectos relativos ao Registro das Pessoas Jurídicas, ao Cadastramento, ao Cancelamento de Registros ou Cadastramentos, à Carteira de Identidade Profissional. Conta também com um capítulo sobre a Orientação e Fiscalização da profissão e das infrações disciplinares, da arrecadação, da avaliação psicológica para Carteira Nacional de Habilitação.

Art. 24 – A pessoa jurídica que presta serviços de psicologia a terceiros está obrigada a registrar-se no Conselho Regional de Psicologia, em cuja jurisdição exerça suas atividades;

Parágrafo único – O registro é obrigatório, inclusive para as associações, fundações de direito privado e entidades de caráter filantrópico.

Art. 25 – Os empresários individuais serão registrados e isentos do pagamento como pessoa jurídica nos Conselhos Regionais de Psicologia competente, devendo este profissional pagar a anuidade como pessoa física.

Art. 26 – As empresas individuais, constituídas por psicólogos legalmente habilitados, a partir da vigência da presente resolução, estão isentas do registro como pessoa jurídica nos Conselhos Regionais de Psicologia competentes.

Art. 28 – O registro somente será concedido se:

I. os serviços oferecidos se enquadrarem na área da Psicologia e suas aplicações;

II. na razão social não constar o nome de pessoa que esteja impedida de exercer a Psicologia;

III. declarar que garante, aos psicólogos que nela trabalhem, ampla liberdade na utilização de suas técnicas e que obedece aos demais princípios estabelecidos no Código de Ética Profissional do Psicólogo;

IV. houver a indicação de profissional legalmente habilitado pelo Conselho Regional de Psicologia competente para exercer a função de responsável técnico de pessoa jurídica, bem como para as suas agências, filiais ou sucursais.

Art. 29 – Deferido o pedido, o Conselho Regional de Psicologia emitirá certificado de registro com validade de 3 (três) anos em toda a área de sua jurisdição, que deverá ser afixado em local visível ao público, durante todo o período de atividade.

§ 1º – A renovação do certificado deverá ser requerida pela empresa antes da data de vencimento do documento, apresentando os seguintes documentos:

I – termo de responsabilidade técnica;

II – carta da empresa assinada pelo(s) sócio(s), conforme contrato social da empresa, solicitando a renovação do certificado de licença para prestar atividades de psicologia.

§ 2º – Na hipótese da pessoa jurídica possuir filial na mesma jurisdição do registro, mas com responsável técnico diverso da matriz, a filial deverá requerer o registro profissional, ficando dispensada do pagamento da anuidade.

Art. 32 – Poderão proceder ao cadastramento no Conselho Regional de Psicologia todas as pessoas jurídicas com atividade principal de competência de outra área profissional, mas que tenham psicólogo na equipe de trabalho, incluindo-se os serviços de Psicologia das universidades e instituições de ensino superior.

Art. 36 – As pessoas jurídicas registradas ou cadastradas deverão ter pelo menos um responsável técnico por agência, filial ou sucursal.

§ 1º – Entende-se como responsável técnico aquele psicólogo que se responsabiliza perante o Conselho Regional de Psicologia para atuar como tal, obrigando-se a:

I – acompanhar os serviços prestados;

II – zelar pelo cumprimento das disposições legais e éticas, pela qualidade dos serviços e pela guarda do material utilizado, adequação física e qualidade do ambiente de trabalho utilizado;

III – comunicar ao Conselho Regional o seu desligamento da função ou o seu afastamento da pessoa jurídica.

§ 2º – Exclui-se da Responsabilidade Técnica os deveres éticos individuais desde que se prove não ter havido negligência na sua função.

Art. 42 – Será considerada infração disciplinar sujeita ao processo disciplinar ordinário:

I – Para pessoa física:

a) descumprir as disposições de Resolução de natureza administrativa, as previstas em Lei que regulamenta o exercício profissional, além daquelas contidas na presente Resolução;

b) atuar em pessoa jurídica que não atenda ao disposto no Art. 24 da presente Resolução.

II – Para pessoa jurídica:

a) manter pessoa física no exercício profissional em período de suspensão/cassação ou com o registro ou cadastro cancelado;

b) contratar ou acobertar pessoa não habilitada para o exercício da profissão ou sem inscrição profissional;

c) não possuir ou deixar de indicar o responsável técnico pelos serviços psicológicos;

d) deixar de atender as condições éticas e técnicas para o exercício da profissão de psicólogo.

Art. 43 – Caso venha a ser constatado, a qualquer época, o não cumprimento das disposições contida nesta Resolução, o fato será considerado infração disciplinar e implicará a aplicação das seguintes penalidades para a pessoa jurídica, sem prejuízo das medidas judiciais cabíveis:

I – multa;

II – suspensão temporária das atividades

III – Cancelamento do registro ou cadastramento.

A Resolução CFP 008/1998 disciplina o pagamento das contribuições dos psicólogos autuados pelos Conselhos Regionais de Administração, sendo que o profissional regularmente inscrito no CRP e que trabalha na área de Recursos Humanos está desobrigado de inscrever-se ou contribuir para o CRA, conforme art. 1º, e, no caso de autuação, poderá receber orientação jurídica no CRP.

A Resolução CFP 002/2002 institui e normatiza a inscrição dos psicólogos estrangeiros, desde que "o diploma de instituição de ensino superior estrangeira seja revalidado, na forma da lei, por instituição credenciada pelo Sistema Educacional, conforme procedimentos adotados pelo Ministério da Educação" (art. 2º). Cabe ainda ressaltar que no parágrafo único desse artigo há a menção aos acordos internacionais para a revalidação do diploma. O psicólogo também deve comprovar a proficiência na língua portuguesa mediante certificado de proficiência (Celpe-Bras) ou comprovando que mora no Brasil há pelo menos dois anos. Para inscrever-se no CRP precisará apresentar visto permanente. No caso de visto provisório a inscrição só poderá ser feita em casos específicos.

Considerando que o exercício da profissão de psicólogo é livre no território nacional mediante a apresentação, pelo profissional, de diploma do curso de graduação de formação de psicólogo devidamente reconhecido pelo sistema educacional vigente, a Resolução CFP 015/2000 veda a inscrição nos CRPs de egressos de cursos sequenciais na área de psicologia, desacompanhados dos respectivos diplomas do curso de graduação de formação de psicólogo e a Resolução 001/2005 veda a inscrição nos Conselhos Regionais de Psicologia de egressos de cursos tecnológicos na área da psicologia, desacompanhados dos respectivos diplomas do curso de graduação de formação de psicólogo.

O Código de Processamento Disciplinar

A Resolução CFP 006/2007, que institui o Código de Processamento Disciplinar, revoga a Resolução CFP 006/2001, que versa sobre o processo disciplinar ordinário (que apurará irregularidades cometidas por psicólogos) e o processo disciplinar funcional (que apurará irregularidades cometidas por Conselheiro no efetivo exercício de suas funções). O título "Do Processo Disciplinar Ético" é constituído de capítulos que versam sobre: os atos preliminares; os atos processuais (da citação e da notificação, da revelia, das provas); a instrução do processo; o julgamento; as penalidades; os recursos; os julgamentos do CFP; a execução; as nulidades e a revisão. O Título "Das Disposições Comuns aos Processos Disciplinares" versa sobre os prazos, as prescrições e os impedimentos. Vejamos alguns artigos:

Art. 2º – Os processos disciplinares serão iniciados mediante representação de qualquer interessado ou, de ofício, pelos Conselhos de Psicologia, por iniciativa de qualquer de seus órgãos internos ou de seus Conselheiros, efetivos ou suplentes.

Art. 5º – O processo disciplinar ordinário obedecerá ao disposto neste título.

§ 1º – Constatado ato passível de apuração, o Presidente do Conselho Regional de Psicologia notificará a parte, por meio de Carta Registrada (AR), ou outro meio contrarrecibo, com a descrição das acusações imputadas, o seu enquadramento legal e o prazo para apresentação de defesa escrita no prazo de 5 (cinco) dias a contar de seu recebimento, com aviso da concessão do direito de juntar documentos.

§ 2º – Caso a notificação seja devolvida por incorreção ou mudança de endereço, esta deverá ser publicada em jornal de grande circulação e no Diário Oficial da União.

§ 3º – Cumprido o disposto nos parágrafos anteriores e recebida ou não a defesa, o processo disciplinar ordinário será submetido a Conselheiro indicado pelo Presidente do Conselho Regional de Psicologia, que emitirá parecer escrito, no prazo de 15 (quinze) dias.

§ 4º – A matéria será submetida à apreciação do Plenário do Conselho Regional de Psicologia, devendo intimar a parte com antecedência de 10 (dez) dias, via AR, ou jornal, conforme o caso, para comparecer, querendo, à sessão de julgamento, onde lhe será facultada sustentação oral por 15 (quinze) minutos.

§ 5º – Do julgamento do Plenário do Conselho Regional de Psicologia, caberá recurso ao Plenário do Conselho Federal, no prazo de 30 (trinta) dias, a contar da intimação da decisão.

Art. 29 – O conteúdo do processo ético terá caráter sigiloso, sendo permitida vista dos autos apenas às partes e aos seus procuradores, fornecendo-se cópia das peças requeridas.

§ 1º – O dever de segredo estende-se à Comissão de Ética, às Comissões de Instrução e aos Conselheiros, como também aos servidores do Conselho que dele tomarem conhecimento por dever de ofício.

§ 2º – Todos os procedimentos durante a instrução processual correrão em sigilo, o que deverá ser informado, por escrito, às partes pela Comissão, sendo de responsabilidade **das** partes em preservá-lo, sob pena de incorrerem em responsabilidade civil e penal no caso de divulgação do seu conteúdo.

§ 3º – A informação a respeito da existência do processo e das partes envolvidas, sem referência ao conteúdo, não se constitui desobediência ao disposto neste artigo.

A Resolução CFP 011/2000, que disciplina a oferta de produtos e serviços ao público, considera os artigos 1º alínea c, 35º, 37º e 38º do segundo Código de Ética Profissional do Psicólogo e o Código de Proteção e Defesa do Consumidor, em seus artigos 6º alíneas 1, 4 e 5, 36 e 37.

Tal resolução considera enquanto produtos os testes psicológicos, os inventários de interesse, os materiais de orientação vocacional, os jogos e outros instrumentos, e, como serviços, as atividades profissionais prestadas a uma ou mais pessoas, organizações ou comunidades. Especifica: – que obrigatoriamente todo o produto, informatizado ou não, oferecido ao público, possua uma ficha com informações técnicas; – que os produtos de uso exclusivo dos psicólogos deverão possuir um rótulo com tal especificação, só podendo ser comercializado mediante a carteira de identidade profissional; – as responsabilidades das editoras de testes psicológicos. Confere aos CRPs a competência para a fiscalização dos produtos comercializados.

5
Cursos de especialização e residência em psicologia

A Resolução CFP 009/2000, que institui e regulamenta o Manual de Normas Técnicas para a Residência em Psicologia na área de saúde, foi revogada pela Resolução CFP 015/2007, que dispõe sobre o credenciamento de cursos de Residência em Psicologia na área de saúde, tendo como princípio o respeito à mutiplicidade de modelos de ação psicológica. O Programa deve estar credenciado no CRP e o processo seletivo dos candidatos inscritos deve ser público.

A organização didático-pedagógica considera a duração mínima de dois anos, distribuída em dois módulos, R1 e R2, com carga horária mínima de 3.840 horas, das quais 20% devem ser destinadas à fundamentação teórica sob a forma de aulas, seminários etc. com a inclusão da temática de políticas públicas de saúde, e 80% destinada à prática. O corpo de psicólogos e outros profissionais devem ter no mínimo cinco anos de experiência profissional na área de saúde, para exercer a função de preceptoria, supervisão ou orientação. O supervisor ou orientador deve ter, no mínimo, a titulação de Mestre. Os requisitos mínimos de frequência e avaliação das atividades devem ser respeitados, bem como a obrigatoriedade da apresentação e aprovação de trabalho monográfico individual.

O programa de Residência em Psicologia na área da Saúde é definido como

> de pós-graduação *lato sensu* para a formação de especialistas na área da saúde, constituído de treinamento

em serviços de elevada qualificação, obedecendo a um programa com conteúdo de natureza assistencial, educativa, administrativa e de investigação científica, atendendo às necessidades da população e ao perfil epidemiológico das regiões brasileiras

considera como suportes básicos:

– a fundamentação teórica, compreendendo o espaço de conhecimento interprofissional e institucional que delimita e caracteriza o próprio campo de atuação em saúde, dentro dos princípios do SUS;

– a atividade de pesquisa;

– a vivência prática;

– a orientação cotidiana do supervisor.

A Resolução CFP N° 016/2007, dispõe sobre a concessão do título de especialista para os profissionais egressos dos programas de residência credenciados pelo CFP.

A Resolução CFP 002/2001 altera e regulamenta a Resolução CFP 014/2000 que institui o título profissional de especialista em psicologia e o respectivo registro nos Conselhos Regionais, considerando a necessidade de estabelecer os procedimentos, tipos de documentos comprobatórios, critérios de aceitação e demais questões operacionais para efeito de Concessão e Registro do Título Profissional de Especialista em Psicologia nos CRPs.

As Resoluções CFP 014/2000, 002/2001, 007/2001, 005/2003, 002/2004, 004/2005, 008/2005, 013/2005 e 014/2005, foram revogadas pela Resolução 013/2007, que institui a consolidação das Resoluções relativas ao Título Profissional de Especialista em Psicologia e dispõe sobre normas e procedimentos para seu registro, bem como modelos de requerimento.

Para habilitar-se ao Título de Especialista, o psicólogo deverá estar inscrito no CRP há 2 (dois) anos e atender a um dos seguintes requisitos: certificado ou diploma de conclusão de curso de especialização, oferecido por núcleos formadores (instituições de ensino superior reconhecidas pelo MEC e credenciadas no CFP), com pelo menos uma turma já concluída e duração mínima de 500 horas; por aprovação em concurso de provas e títulos promovido pelo CRP e comprovação de prática de pelo menos 2 (dois) anos.

O profissional poderá obter até dois títulos de Especialista, nas especialidades reconhecidas pelo CFP: Psicologia: Escolar/Educacional; Organizacional e do Trabalho; do Trânsito; Jurídica; do Esporte; Clínica; Hospitalar; Psicopedagogia; Psicomotricidade, Psicologia Social e Neuropsicologia. As definições das especialidades estão dispostas no anexo 4.

No caso de novas especialidades serem reconhecidas, o psicólogo deverá requerer o título nos primeiros 270 dias, a contar da data de publicação da Resolução que reconhecer a especialidade, com comprovação de pelo menos 5 (cinco) anos de experiência a área.

A Resolução CFP 013/2007 apresenta o Manual para Credenciamento de Cursos com finalidade de Concessão do Título de Especialista e respectivo registro, revogando as Resoluções CFP 007/2001 e 008/2005 especificando algumas situações para a concessão do título.

Art. 26 – Fica assegurado aos alunos matriculados no curso durante a vigência do credenciamento, que concluírem-no em período posterior a esse, o direito à solicitação do Título de Especialista e respectivo registro, desde que atendam as exigências previstas no Manual de Credenciamento dos Cursos.

Parágrafo Único – O direito a solicitar o Título de Especialista e o respectivo registro será estendido aos alunos de turma(s) que tenha(m) sido objeto de vistoria para fins do credenciamento do curso, bem como aos alunos da última turma que tenha concluído o curso no período imediatamente anterior à solicitação do credenciamento.

Art. 27 – Os direitos previstos no artigo anterior e seu parágrafo único não serão assegurados caso o curso realize alterações em suas condições de funcionamento e projeto pedagógico, modificando os aspectos que serviram de base para a concessão do credenciamento.

Parágrafo Único – Caso o curso realize alteração dessa natureza deverá comunicar à ABEP – Associação Brasileira de Ensino de Psicologia, entidade conveniada pelo Conselho Federal de Psicologia como responsável pelo credenciamento, para que esta decida sobre a necessidade ou não da revisão do credenciamento.

Art. 28 – A cada 3 (três) anos, os núcleos formadores de especialistas passarão por processo de renovação do credenciamento.

6
A pesquisa com seres humanos em psicologia

A palavra Bioética foi criada por Van Ressenlaer Potter, em 1970, abrangendo a ética aplicada às questões de saúde e pesquisa com seres humanos, de forma interdisciplinar, baseando-se em casuística e princípios (GOLDIN, 1981).

Em 1978 foi publicado nos Estados Unidos o Relatório Belmont abordando a adequação ética das pesquisas científicas realizadas com seres humanos (GOLDIN, 1998: 119), ressaltando três princípios básicos: o Respeito às Pessoas, a Beneficência e a Justiça, que em geral são também propostos por outros autores e estudos.

Um passo importante em direção à questão da garantia dos direitos humanos foi a aprovação da Resolução do Conselho Nacional da Saúde/Ministério da Saúde 196/96, que versa sobre as Normas Éticas da Pesquisa Envolvendo Seres Humanos, discorrendo sobre a ética do indivíduo e das coletividades, abordando referenciais básicos da bioética, como a autonomia, a não maleficência, a beneficência e a justiça.

Após 16 anos, em 12/12/2012, essa resolução foi revogada pela Resolução CNS/MS 466/2012, que estabelece Diretrizes e Normas Reguladoras de Pesquisas envolvendo seres humanos, foi publicada e passou a vigorar em junho de 2013. Todos os Comitês de Ética e Bioética em pesquisa com seres humanos devem orientar suas ações fundamentadas nessa Resolução.

Todo e qualquer procedimento experimental envolvendo humanos deve ser submetido e aprovado por um Comitê de Ética em Pesquisa (CEP), que deve ser credenciado e subordinado ao Conselho Nacional de Ética em Pesquisa (CONEP) antes do início da fase de coleta de dados, existindo uma responsabilidade institucional, além da do pesquisador, visando assegurar os direitos e deveres que dizem respeito à comunidade científica, aos sujeitos da pesquisa e ao Estado. A Plataforma BRASIL é o sistema oficial de lançamento de pesquisas para análise e monitoramento do Sistema CEP/CONEP.

Todo sujeito de pesquisa deve assinar um Termo de Consentimento Livre e Esclarecido, no qual deve constar: nome da pesquisa, instituição na qual a mesma se desenvolverá, objetivos, técnicas empregadas, riscos envolvidos, duração da pesquisa, garantias de confidencialidade e privacidade, possibilidade de retirar o consentimento a qualquer tempo, a forma como os resultados serão divulgados, o nome do(s) pesquisador(es), a forma de entrar em contato como o(s) mesmo(s) e com o CEP, caso se sinta lesado. O termo deve ser assinado em duas vias, ficando uma em poder do sujeito e outra arquivada por cinco anos após o término da pesquisa, com o pesquisador responsável. O Termo de Consentimento deverá conter declaração do pesquisador responsável que expresse o cumprimento das exigências contidas nos itens IV.3 e IV.4 da presente Resolução (CNS 466/2012).

 IV.6 – Nos casos de restrição da liberdade ou do esclarecimento necessários para o adequado consentimento, deve-se, também, observar:

 a) em pesquisas cujos convidados sejam crianças, adolescentes, pessoas com transtorno ou doença mental ou em situação de substancial diminuição em sua capacidade de decisão, deverá haver justificativa clara de sua escolha, especificada no protocolo e aprovada pelo CEP, e pela CONEP, quando pertinente. Nestes casos deverão ser cumpridas as etapas do esclarecimento e do consentimento livre e esclarecido, por meio dos representantes legais dos convidados a participar da pesquisa, preservado o direito de informação destes, no limite de sua capacidade;

b) a liberdade do consentimento deverá ser particularmente garantida para aqueles participantes de pesquisa que, embora plenamente capazes, estejam expostos a condicionamentos específicos, ou à influência de autoridade, caracterizando situações passíveis de limitação da autonomia, como estudantes, militares, empregados, presidiários e internos em centros de readaptação, em casas-abrigo, asilos, associações religiosas e semelhantes, assegurando-lhes inteira liberdade de participar, ou não, da pesquisa, sem quaisquer represálias (Resolução CNS 466/2012).

Cabe notar que, no caso de pesquisas acadêmicas envolvendo alunos de graduação, o pesquisador responsável é o docente, devendo esse assinar o protocolo de pesquisa e a carta de encaminhamento ao CEP.

A obrigatoriedade desses procedimentos visa garantir os direitos e a proteção dos participantes, para que a ciência possa exercer e ser reconhecida em seu caráter social.

O Comitê de Ética em Pesquisa deve avaliar: – as razões da pesquisa; a metodologia científica do projeto a ser empregada; – os riscos e benefícios; – análise do Termo de Consentimento Livre e Esclarecido; – a forma como o processo de consentimento será proposto; – a adaptação das informações relativas ao sujeito da pesquisa no que concerne aos critérios de inclusão e exclusão; – a privacidade e a confidencialidade. A pesquisa deve pautar-se em um levantamento bibliográfico consistente, em um objetivo claro que sustente a metodologia proposta. Uma das dúvidas é sobre o que é avaliado no protocolo de pesquisa submetido ao CEP. O manual está disponível na internet, no site http://conselho.saúde.gov.br

As questões acima expostas implicam também em um levantamento bibliográfico, em um objetivo claro que sustente a metodologia proposta.

Deve constar no projeto a ser enviado: a folha de rosto, o projeto propriamente dito com o Termo de Consentimento Livre e Esclarecido e a súmula curricular do orientador e, no caso de pós-graduandos, também do pesquisador.

A Resolução CFP 010/2012, que dispõe sobre a realização de pesquisas com seres humanos, revoga a Resolução CFP 016/2000, substituída pela Resolução do Conselho Nacional de Saúde 466/2012, em vigor a partir de 13/06/2013. (http://conselho.saude.gov.br/resolucoes/2012/Reso466.pdf)

Uma outra questão ética que sempre causa polêmica é a questão da autoria e coautoria, tanto que nos últimos anos os congressos, encontros e simpósios tendem a somente aceitar a inscrição do resumo com a assinatura de todos os coautores, o mesmo ocorrendo com os periódicos científicos. Quando alguém desiste da publicação ou da apresentação do trabalho, mas autoriza os outros autores a fazê-lo, considera-se oportuno que tal consentimento seja por escrito e assinado.

A questão dos Direitos Autorais está regida pelo Código Civil Brasileiro, Lei 9.610, de 19/02/1998 e Lei 12.853. de 14/08/2013 (www.planalto.gov.br/ccivil).

As mesmas reflexões, cuidados e procedimentos que devem nortear uma pesquisa, também deveriam nortear um contrato terapêutico, devendo este ser claro, transparente e conveniente para todas as partes, servindo como os trilhos do trem que nortearão o processo terapêutico, que sempre implica uma busca de liberdade e em uma busca de melhores possibilidades adaptativas.

7
Delimitação do campo de atuação e das técnicas empregadas

Com o reconhecimento da profissão de psicólogo pela sociedade, novas regulamentações tornaram-se necessárias no sentido de preservar o exercício profissional e a imagem do psicólogo, bem como resguardar os direitos da comunidade. Rodrigues (1998), ao referir-se ao CRP, considera que *"seu compromisso institucional é o de acompanhar e apontar os princípios que devem nortear o exercício profissional do psicólogo, e seu papel político é o de intervir na sociedade, em defesa da construção de uma sociedade democrática, para garantir a todos o direito de cidadania"* (p. 19). Esse compromisso implica o estabelecimento de diretrizes e ações que possam nortear a prática, contribuindo para o desenvolvimento da Psicologia, estabelecendo os limites de sua área de atuação, especificando quais são as práticas psicológicas específicas da atuação do psicólogo, quais podem ser compartilhadas com outras ciências e forma de apresentação dos resultados.

Abordaremos inicialmente a questão da **avaliação psicológica, das psicoterapias** e **das terapias não reconhecidas cientificamente.**

Avaliação psicológica

O disposto no parágrafo primeiro do art. 13 da Lei 4.119 estabelece como função privativa do psicólogo o uso de métodos e técnicas psicológicas, apresentados na Resolução

CPF 002/1987, no artigo 35 *"que proíbe a divulgação, cessão, doação, empréstimo ou venda a leigos de instrumentos e técnicas psicológicas que permitam ou facilitem o exercício ilegal da profissão".* No atual Código de Ética, essa questão reaparece na alínea "i" do art. 1º *"zelar pela comercialização, aquisição, guarda e forma de divulgação do material privativo do psicólogo".*

Na última década muitas discussões e avanços ocorrerem na área da avaliação psicológica, sendo que em novembro de 2013, o Conselho Federal de Psicologia e os Conselhos Regionais de Psicologia lançaram a **Cartilha de Avaliação Psicológica**, que apresenta questões gerais sobre a AP, sobre o uso dos testes psicológicos, a avaliação psicológica para porte de armas, no trânsito, no sistema judiciário e prisional, para portadores de necessidades especiais e em concurso público.

As quatro resoluções apresentadas abaixo versam respectivamente sobre o ensino, a atualização constante dos instrumentos, a elaboração de documentos escritos e a concessão de atestado psicológico.

A Resolução CFP 012/1997, considerando a grande incidência dos chamados cursos de formação, regulares ou não, onde, a título de especialização, têm sido ministrados, para não psicólogos, métodos e técnicas psicológicas, de uso exclusivo do psicólogo e que tais cursos são ministrados por psicólogos e contribuem para o exercício ilegal da profissão, resolve:

> **Art. 1º** – O ensino de métodos e técnicas psicológicas fica reservado exclusivamente aos alunos regularmente matriculados nos Cursos de Psicologia, regulamentados nos termos da Lei 4.119, de 27 de agosto de 1962, e aos psicólogos registrados no respectivo Conselho Regional.

Art. 2º – O descumprimento ao estabelecido nesta resolução constituir-se-á em infração ao Código de Ética Profissional do Psicólogo.

A Resolução CFP 002/2003 define e regulamenta o uso, a elaboração e a comercialização de testes psicológicos, revogando a Resolução do CFP 025/2001. Tal resolução pauta-se nas deliberações do IV Congresso Nacional de Psicologia acerca do tratamento a ser dispensado aos testes psicológicos e nas propostas encaminhadas por psicólogos, delegados das diversas regiões, que participaram do I Fórum Nacional de Avaliação Psicológica, realizado em dezembro de 2000. Apresenta um anexo com os critérios de Avaliação da Qualidade de Testes Psicológicos. A Resolução CFP 005/2012, altera e complementa a Resolução CFP 002/2003.

A regulamentação desse instrumento de uso privativo do psicólogo reflete a preocupação constante da classe com os aspectos éticos, expressos pela qualidade do serviço prestado, pela formação profissional e pelo cuidado com a avaliação e aprimoramento periódico de seus instrumentos, no caso, os testes psicológicos. Reproduzo abaixo algumas considerações e a maior parte dos artigos contidos na Resolução CFP 002/2003, já com as alterações propostas pela Resolução CFP 005/2012, que entre outros aspectos considera:

– ... a necessidade de aprimorar os instrumentos e procedimentos técnicos de trabalho dos psicólogos e de revisão periódica das condições dos métodos e técnicas utilizados na avaliação psicológica, com o objetivo de garantir serviços com qualidade técnica e ética à população usuária desses serviços;

– a demanda social e a necessidade de construir um sistema contínuo de avaliação dos testes psicológicos, adequado à dinâmica da comunidade científica e profissional, que vem disponibilizando com frequência novos instrumentos dessa natureza aos psicólogos;...

RESOLVE:

Art. 1º – Os Testes Psicológicos são instrumentos de avaliação ou mensuração de características psicológicas, constituindo-se um método ou uma técnica de uso privativo do psicólogo, em decorrência do que dispõe o § 1º do Art. 13 da Lei 4.119/62. Para que possam ser reconhecidos como testes psicológicos em condições de uso aos requisitos técnicos e científicos, definidos no anexo da Resolução CFP 002/2003, e aos seguintes requisitos éticos e de defesa dos direitos humanos.

I) Considerar os princípios e artigos previstos no Código de Ética Profissional dos Psicólogos;

II) Considerar a perspectiva da integralidade dos fenômenos sociais multifatoriais, culturais e historicamente construídos;

III) Considerar os determinantes socioeconômicos que interferem nas relações de trabalho e no processo de exclusão social e desemprego.

Parágrafo único – Para efeito do disposto no *caput* deste artigo, os testes psicológicos são procedimentos sistemáticos de observação e registro de amostras de comportamentos e respostas de indivíduos com o objetivo de descrever e/ou mensurar características e processos psicológicos, compreendidos tradicionalmente nas áreas emoção/afeto, cognição/inteligência, motivação, personalidade, psicomotricidade, atenção, memória, percepção, dentre outras, nas suas mais diversas formas de expressão, segundo padrões definidos pela construção dos instrumentos.

Art. 3º – Os requisitos mínimos que os instrumentos devem possuir para serem reconhecidos como testes psicológicos e possam ser utilizados pelos profissionais da psicologia são os previstos nesta Resolução.

Art. 4º – Para efeito do disposto no artigo anterior, são requisitos mínimos e obrigatórios para os instrumentos de avaliação psicológica que utilizam questões de múltipla escolha e outros similares, tais como "acerto e erro", "inventários" e "escalas":

I – apresentação da fundamentação teórica do instrumento, com especial ênfase na definição do construto, sendo o instrumento descrito em seu aspecto constitutivo e operacional, incluindo a definição dos seus possíveis propósitos e os contextos principais para os quais ele foi desenvolvido;

II – apresentação de evidências empíricas de validade e precisão das interpretações propostas para os escores do teste, justificando os procedimentos específicos adotados na investigação;

III – apresentação de dados empíricos sobre as propriedades psicométricas dos itens do instrumento;

IV – apresentação do sistema de correção e interpretação dos escores, explicitando a lógica que fundamenta o procedimento, em função do sistema de interpretação adotado, que pode ser:

a) referenciada à norma, devendo, nesse caso, relatar as características da amostra de padronização de maneira clara e exaustiva, preferencialmente comparando com estimativas nacionais, possibilitando o julgamento do nível de representatividade do grupo de referência usado para a transformação dos escores.

b) diferente da interpretação referenciada à norma, devendo, nesse caso, explicar o embasamento teórico e justificar a lógica do procedimento de interpretação utilizado.

V – apresentação clara dos procedimentos de aplicação e correção, bem como as condições nas quais o teste deve ser aplicado, para que haja a garantia da uniformidade dos procedimentos envolvidos na sua aplicação;

VI – compilação das informações indicadas acima, bem como outras que forem importantes, em um manual contendo, pelo menos, informações sobre:

a) o aspecto técnico-científico, relatando a fundamentação e os estudos empíricos sobre o instrumento;

b) o aspecto prático, explicando a aplicação, correção e interpretação dos resultados do teste;

c) a literatura científica relacionada ao instrumento, indicando os meios para a sua obtenção.

Art. 5º – São requisitos mínimos obrigatórios para os instrumentos de avaliação psicológica classificados como "testes projetivos":

I – apresentação da fundamentação teórica do instrumento com especial ênfase na definição do construto a ser avaliado e dos possíveis propósitos do instrumento e os contextos principais para os quais ele foi desenvolvido;

II – apresentação de evidências empíricas de validade e precisão das interpretações propostas para os escores do teste, com justificativas para os procedimentos específicos adotados na investigação, com especial ênfase na precisão de avaliadores, quando o processo de correção for complexo;

III – apresentação do sistema de correção e interpretação dos escores, explicitando a lógica que fundamenta o procedimento, em função do sistema de interpretação adotado, que pode ser:

a) referenciada à norma, devendo, nesse caso, relatar as características da amostra de padronização de maneira clara e exaustiva, preferencialmente comparando com estimativas nacionais, possibilitando o julgamento do nível de representatividade do grupo de referência usado para a transformação dos escores;

b) diferente da interpretação referenciada à norma, devendo, nesse caso, explicar o embasamento teórico e justificar a lógica do procedimento de interpretação utilizado;

IV – apresentação clara dos procedimentos de aplicação e correção e das condições nas quais o teste deve ser aplicado para garantir a uniformidade dos procedimentos envolvidos na sua aplicação;

V – compilação das informações indicadas acima, bem como outras que forem importantes, em um manual contendo, pelo menos, informações sobre:

a) o aspecto técnico-científico, relatando a fundamentação e os estudos empíricos sobre o instrumento;

b) o aspecto prático, explicando a aplicação, correção e interpretação dos resultados do teste;

c) a literatura científica relacionada ao instrumento, indicando os meios para a sua obtenção.

Art. 6º – Os requisitos mínimos obrigatórios são aqueles contidos no Anexo I desta Resolução, Formulário de Avaliação da Qualidade de Testes Psicológicos.

Parágrafo único – O Anexo que trata o *caput* deste Artigo é parte integrante desta Resolução.

Art. 7º – Também estão sujeitos aos requisitos estabelecidos na presente Resolução os testes estrangeiros de qualquer natureza, traduzidos para o português, que devem ser adequados a partir de estudos realizados com amostras brasileiras, considerando a relação de contingência entre as evidências de validade, precisão e dados normativos com o ambiente cultural onde foram realizados os estudos para sua elaboração.

Parágrafo único – Os requerentes, autores, editores, laboratórios e responsáveis técnicos de testes psicológicos, comercializados ou não, poderão encaminhar os mesmos ao CFP a qualquer tempo, protocolando requerimento dirigido ao presidente do CFP, acompanhado de 2 (dois) exemplares completos do instrumento.

Art. 8º – O CFP manterá uma Comissão Consultiva em Avaliação Psicológica integrada por psicólogos convidados, de reconhecido saber em testes psicológicos, com o objetivo de analisar e emitir parecer sobre os testes psicológicos encaminhados ao CFP, com base nos parâmetros definidos nesta Resolução, bem como apresentar sugestões para o aprimoramento dos procedimentos e critérios envolvidos nessa tarefa, subsidiando as decisões do Plenário a respeito da matéria.

§ 1º – A Comissão de que trata o *caput* deste artigo, nomeada Comissão Consultiva em Avaliação Psicológica, será composta por, no mínimo, 4 (quatro) membros, podendo valer-se da colaboração de pareceristas *Ad hoc*.

§ 2º – Os pareceristas *Ad hoc* serão psicólogos convidados pelo CFP, escolhidos por notório saber na área.

§ 3º – O trabalho da Comissão e dos pareceristas *Ad hoc* não será remunerado, e não representará vínculo empregatício com o CFP.

Art. 9º – Os testes recebidos terão tramitação interna de acordo com as seguintes etapas, cujo procedimento se descreve:

I – Recepção;

II – Análise;

III – Avaliação;

IV – Comunicação da avaliação aos requerentes, com prazo para recurso;

V – Análise de recurso;

VI – Avaliação Final.

§ 1º – A recepção consiste no protocolo de recebimento, inclusão no banco de dados e encaminhamento para análise.

§ 2º – A análise é feita com a verificação técnica do cumprimento das condições mínimas contidas no Anexo I desta Resolução, realizada inicialmente pelos pareceristas *Ad hoc* e posteriormente, pela Comissão Consultiva em Avaliação Psicológica, resultando em um parecer a ser enviado para decisão da Plenária do CFP.

§ 3º – A avaliação poderá ser favorável quando, por decisão do Plenário do CFP, o teste é considerado em condições de uso, ou desfavorável quando, por decisão do Plenário do CFP, a análise indica que o teste não apresenta as condições mínimas para uso. Nesse caso, o Parecer deverá apresentar as razões, bem como as orientações para que o problema seja sanado.

§ 4º – A comunicação de avaliação ocorre quando do recebimento desta pelo requerente, podendo o mesmo apresentar recurso no prazo de 30 dias, previsto no art. 12 inciso IV desta Resolução, a contar da data que consta no Aviso de Recebimento (AR).

§ 5º – A análise do recurso à avaliação desfavorável, realizada pela Comissão Consultiva em Avaliação Psicológica, ocorre quando do recebimento do recurso do requerente.

§ 6º – A avaliação final desfavorável ocorre quando, mediante análise, a avaliação desfavorável prevalece diante da resposta de que trata o parágrafo anterior, ou quando esta resposta não for apresentada no prazo estabelecido nesta resolução, caso em que o teste será considerado sem condições de uso.

Art. 10 – Será considerado teste psicológico em condições de uso, seja ele comercializado ou disponibilizado por outros meios, aquele que, após receber Parecer da Comissão Consultiva em Avaliação Psicológica, for aprovado pelo CFP.

Parágrafo único – Para o disposto no *caput* deste artigo, o Conselho Federal de Psicologia considerará os parâmetros de construção e princípios reconhecidos pela comunidade científica, especialmente os desenvolvidos pela Psicometria.

Art. 11 – As condições de uso dos instrumentos devem ser consideradas apenas para os contextos e propósitos para os quais os estudos empíricos indicaram resultados favoráveis.

Parágrafo único – A consideração da informação referida no *caput* deste artigo é parte fundamental do processo de avaliação psicológica, especialmente na escolha do teste mais adequado a cada propósito e será de responsabilidade do psicólogo que utilizar o instrumento.

Art. 14 – Os dados empíricos das propriedades de um teste psicológico devem ser revisados periodicamente, não podendo o intervalo entre um estudo e outro ultrapassar: 15 (quinze) anos, para os dados referentes à padronização, e 20 (vinte) anos, para os dados referentes à validade e precisão.

§ 1º – Não sendo apresentada a revisão no prazo estabelecido no *caput* deste artigo, o teste psicológico perderá a condição de uso e será excluído da relação de testes em condições de comercialização e uso.

§ 2º – O estudo de revisão deve concluir:

I – se houve alteração na validade dos instrumentos requerendo mudanças substanciais no mesmo;

II – se houve alteração nos dados empíricos requerendo revisões menores ligadas às interpretações dos escores ou indicadores como, por exemplo, alterações de expectativas normativas, ou

III – se não houve mudanças substanciais e os dados antigos continuam sendo aplicáveis.

§ 3º – Caso haja necessidade de mudança substancial no instrumento, a versão antiga não poderá ser utilizada pelos psicólogos até que se estabeleçam as propriedades mínimas definidas nesta Resolução.

§ 4º – Caso haja necessidade de mudanças menores, ou não haja necessidade de mudança, uma nova publicação do manual ou um anexo ao manual original deve ser preparada pelo psicólogo responsável técnico pela edição do mesmo, relatando este estudo de revisão, fornecendo os novos dados, as conclusões e as alterações produzidas.

§ 5º – Os resultados da revisão deverão ser apresentados ao Conselho Federal de Psicologia pelos autores, psicólogos responsáveis técnicos ou editoras de testes psicológicos, no prazo estabelecido no *caput* deste artigo.

Art. 15 – A responsabilidade pela revisão periódica dos testes será do autor, do psicólogo responsável técnico pela edição e da editora, que responderão individual e solidariamente em caso de desrespeito à Lei e ao disposto nesta Resolução, no âmbito de suas respectivas competências e responsabilidades.

§ 1º – A revisão dos testes psicológicos deverá ser realizada por pesquisadores ou laboratórios de pesquisa, com competência comprovada na área da Psicometria, que deverão publicar os estudos nos veículos de comunicação científica disponíveis.

§ 2º – Autores e editores poderão utilizar a compilação de diversos estudos para consubstanciar um estudo de revisão de um determinado teste, desde que incluam os aspectos fundamentais e críticos do instrumento, notadamente as evidências de validade, precisão e expectativas normativas.

§ 3º – O CFP manterá relação de testes em condições de uso em função da análise da documentação apresentada.

Art. 16 – Será considerada falta ética, conforme disposto na alínea *c* do art. 1º e na alínea *m* do art. 2º do Código de Ética Profissional do Psicólogo, a utilização de testes psicológicos que não constam na relação de testes aprovados pelo CFP, salvo os casos de pesquisa.

Parágrafo único – O psicólogo que utiliza testes psicológicos como instrumento de trabalho, além do disposto no *caput* deste artigo, deve observar as informações contidas nos respectivos manuais e buscar informações adicionais para maior qualificação no aspecto técnico operacional do uso do instrumento, sobre a fundamentação teórica referente ao construto avaliado, sobre pesquisas recentes realizadas com o teste, além de conhecimentos de Psicometria e Estatística.

Art. 17 – O CFP disponibilizará, em seus veículos de comunicação, informações atualizadas sobre as etapas de cada teste psicológico em análise e a relação de testes aprovados com inclusão e/ou exclusão de instrumentos em função do cumprimento ou não do que dispõe esta Resolução, especialmente por meio de divulgação na página www.pol.org.br, na rede mundial de comunicação (internet).

Art. 18 – Todos os testes psicológicos estão sujeitos ao disposto nesta Resolução e deverão:

I – ter um psicólogo responsável técnico, que cuidará do cumprimento desta Resolução;

II – estar aprovado pelo Conselho Federal de Psicologia;

III – ter sua comercialização e seu uso restrito a psicólogos regularmente inscritos em Conselho Regional de Psicologia.

§ 1º – Os manuais de testes psicológicos devem conter a informação, com destaque, que sua comercialização e seu uso são restritos a psicólogos regularmente inscritos em Conselho Regional de Psicologia, citando como fundamento jurídico o § 1º do art. 13 da Lei no 4.119/62 e esta Resolução.

§ 2º – Na comercialização de testes psicológicos, as editoras, por meio de seus responsáveis técnicos, manterão procedimento de controle onde conste o nome do psicólogo que os adquiriu, o seu número de inscrição no CRP e o(s) número(s) de série dos testes adquiridos.

§ 3º – Para efeito do disposto nos parágrafos anteriores deste artigo, considera-se manual toda publicação, de qualquer natureza, que contenha as informações especificadas nos incisos VI do artigo 40 e V do artigo 50.

Art. 19 – Os Conselhos Regionais de Psicologia adotarão as providências para o cumprimento desta Resolução, em suas respectivas jurisdições, procedendo à orientação, à fiscalização e ao julgamento, podendo:

I – notificar o autor ou o psicólogo responsável técnico a respeito de irregularidade, dando prazo para regularização;

II – apreender lote de testes psicológicos não autorizados para o uso;

III – representar contra profissional ou pessoa jurídica por falta disciplinar;

IV – dar conhecimento às autoridades competentes de possíveis irregularidades.

§ 1º – Os Conselhos Regionais de Psicologia manterão cadastro atualizado das pessoas físicas e jurídicas que, em sua jurisdição, disponibilizam para uso os testes psicológicos.

§ 2º – O cadastro de que trata o parágrafo anterior será encaminhado ao Conselho Federal de Psicologia ao término de cada ano ou sempre que haja alteração que justifique o fato.

Art. 20º – O descumprimento ao que dispõe a presente Resolução sujeitará o responsável às penalidades da lei e das Resoluções editadas pelo Conselho Federal de Psicologia.

Art. 20-A – Ao psicólogo, na produção, validação, tradução, normatização, comercialização e aplicação dos testes psicológicos é vedado:

a) Realizar atividades que caracterizem negligência, preconceito, exploração, violência, crueldade ou opressão;

b) Induzir a convicções políticas, filosóficas, morais, ideológicas, religiosas, raciais, de orientação sexual;

c) Favorecer o uso de conhecimento da ciência psicológica e normatizar a utilização de práticas psicológicas como instrumento de castigo, tortura ou qualquer forma de violência.

Art. 20-B – Os psicólogos não poderão elaborar, validar, traduzir, normatizar, comercializar e fomentar instrumentos ou técnicas psicológicas para criar, manter ou reforçar preconceitos, estigmas ou estereótipos.

Art. 20-C – O psicólogo, na realização de estudos, pesquisas e atividades voltadas para a produção do conhecimento e desenvolvimento de tecnologias atuará considerando as fases do desenvolvimento humano, configurações familiares, conjugalidade, sexualidade e intimidade como construções sociais, históricas e culturais.

A Resolução CFP 007/2003 institui o Manual de Elaboração dos Documentos Escritos produzidos por psicólogos, decorrentes da avaliação psicológica, revogando a Resolução 017/2002. As considerações que a fundamentam versam sobre a solicitação de se apresentar informações documentais com objetivos diversos; frequência das representações éticas envolvendo a qualidade dos documentos escritos decorrentes da avaliação psicológica e implicações sociais do uso dos documentos. No Manual são abordados os princípios norteadores dos documentos; modalidades de documentos; conceito, finalidade e estrutura; validade dos documentos e a guarda dos mesmos.

Art. 3º – Toda e qualquer comunicação por escrito decorrente de avaliação psicológica deverá seguir as diretrizes descritas neste manual.

Parágrafo único – A não observância da presente norma constitui falta ético-disciplinar, passível de capitulação nos dispositivos referentes ao exercício profissional do Código de Ética Profissional do Psicólogo, sem prejuízo de outros que possam ser arguidos.

Com o intuito de aprimorar os serviços técnicos prestados pelos psicólogos e resguardar os direitos dos usuários, preservando a qualidade técnica do serviço prestado, as condições legais e éticas necessárias, algumas regulamentações foram publicadas na forma de Resoluções, que veremos a seguir.

A Resolução CFP 007/2009 revoga a Resolução CFP 012/2000 e institui normas e procedimentos para a Avaliação Psicológica no contexto do trânsito de candidatos à Carteira Nacional de Habilitação e condutores de serviços automotores. A Resolução CFP 008/2013, limita a 10 (dez) o número de avaliações psicológicas no trânsito diárias. Encontra-se disponível nos sites do CRPSP e do CFP as Normas e Procedimentos para a Avaliação Psicológica de candidatos à Carteira Nacional de Habilitação e condutores de veículos automotores.

A Resolução CFP 001/2002, de 19 de abril de 2002, regulamenta a Avaliação Psicológica em Concursos Públicos e processos seletivos da mesma natureza, tanto *"orientando aos psicólogos a respeito dos procedimentos adequados a serem empregados nos processos seletivos"*... *"quanto aos órgãos públicos e demais pessoas jurídicas a respeito das informações relacionadas à avaliação psicológica que constar nos Editais de concurso para garantia dos direitos dos candidatos"*.

Art. 1º – A avaliação psicológica para fins de seleção de candidatos é um processo, realizado mediante o emprego de um conjunto de procedimentos objetivos e científicos, que permite identificar aspectos psicológicos do candidato para fins de prognóstico do desempenho das atividades relativas ao cargo pretendido.

§ 1º – Para proceder à avaliação referida no *caput* deste artigo, o psicólogo deverá utilizar métodos e técnicas psicológicas que possuam características e normas obtidas por meio de procedimentos psicológicos reconhecidos pela comunidade científica como adequados para instrumentos dessa natureza.

§ 2º – Optando pelo uso de testes psicológicos, o psicólogo deverá utilizar testes validados em nível nacional, aprovados pelo CFP de acordo com a Resolução CFP 25/2001, que garantam a precisão dos diagnósticos individuais obtidos pelos candidatos.

Art. 2º – Para alcançar os objetivos referidos no artigo anterior, o psicólogo deverá:

I – utilizar testes definidos com base no perfil profissiográfico do cargo pretendido;

II – incluir, nos instrumentos de avaliação, técnicas capazes, minimamente, de aferir características tais como inteligência, funções cognitivas, habilidades específicas e personalidade;

III – à luz dos resultados de cada instrumento, proceder à análise conjunta de todas as técnicas utilizadas, relacionando-as ao perfil do cargo e aos fatores restritivos para a profissão, considerando a capacidade do candidato para utilizar as funções psicológicas necessárias ao desempenho do cargo;

IV – seguir sempre a recomendação atualizada dos manuais técnicos adotados a respeito dos procedimentos de aplicação e avaliação quantitativa e qualitativa.

Art. 3º – O Edital deverá conter informações, em linguagem compreensível ao leigo, sobre a avaliação psicológica a ser realizada e os critérios de avaliação, relacionando-os aos aspectos psicológicos considerados compatíveis com o desempenho esperado para o cargo.

Art. 5º – O psicólogo deverá declarar-se impedido de avaliar candidatos com os quais tenha relação que possa interferir na avaliação.

Parágrafo único – Na hipótese do exposto no *caput* desse artigo, o candidato deverá ser encaminhado a outro membro da comissão de avaliação ou a outro profissional.

Art. 6º – A publicação do resultado da avaliação psicológica será feita por meio de relação nominal, constando os candidatos indicados.

§ 1º – O sigilo sobre os resultados obtidos na avaliação psicológica deverá ser mantido pelo psicólogo, na forma prevista pelo código de ética da categoria profissional.

§ 2º – Será facultado ao candidato, e somente a este, conhecer o resultado da avaliação por meio de entrevista devolutiva.

Art. 8º – Tanto para a entrevista de devolução quanto para a apresentação do recurso, não será admitida a remoção dos testes do candidato do seu local de arquivamento público, devendo o psicólogo contratado fazer seu trabalho na presença de um psicólogo da comissão examinadora, salvo determinação judicial.

Outros contextos de atuação do psicólogo também foram normatizados: Resolução 017/2012 dispõe sobre a atuação do psicólogo como perito em contextos diversos. As Resoluções CFP 018/2008, 002/2009 e 010/2009, dispõe acerca da avaliação para porte de arma de fogo.

Atestado psicológico

A Resolução CFP 015/96 de 13/12/1996 institui e regulamenta a concessão de Atestado Psicológico para tratamento de saúde devido a problemas psicológicos, que incapacitem para o trabalho e/ou estudos desde que se baseie no diagnóstico psicológico elaborado por meio de documentação técnica (que deve ser arquivada), com ou sem a utilização do Código Internacional de Doenças (CID) ou outros códigos, científica e socialmente reconhecidos. A Resolução CFP 007/2003 traz o modelo de Atestado Psicológico, entre outros.

> **Art. 2º** – Quando emitir atestado com a finalidade de afastamento para tratamento de saúde fica o psicólogo obrigado a manter em seus arquivos a documentação técnica que fundamente o atestado por ele concebido e a registrar as situações decorrentes da emissão do mesmo.
>
> **Parágrafo único** – Os Conselhos Regionais poderão a qualquer tempo suscitar o psicólogo a apresentar a documentação científica do atestado.
>
> **Art. 4º** – O atestado emitido pelo psicólogo deverá ser fornecido ao paciente, que por sua vez se incumbirá de apresentá-lo a quem de direito para efeito de justificativa de falta, por motivo de tratamento de saúde.

Cabe notar que o Atestado Psicológico, apesar de ser aceito pela Previdência Social, não preenche os critérios estabelecidos pelo Ministério da Educação e Cultura para abono de faltas escolares.

Psicoterapia

A Resolução CFP 010/2000 especifica e qualifica a Psicoterapia como prática do psicólogo, salientando a importância e a necessidade do aprimoramento profissional em centros especializados, da avaliação psicológica fundamentada, do estabelecimento de um contrato de trabalho com as informações pertinentes ao desenvolvimento do processo, bem como o registro do processo psicoterápico, resguardando os direitos do usuário, observando os princípios da beneficência, da não maleficência e da autonomia.

> **Art. 1º** – A Psicoterapia é prática do psicólogo por se constituir, técnica e conceitualmente, em um processo científico de compreensão, análise e intervenção que se realiza através da aplicação sistematizada e controlada de métodos e técnicas psicológicas reconhecidas pela ciência, pela prática e pela ética profissional, promovendo a saúde mental e propiciando condições para o enfrentamento de conflitos e/ou transtornos psíquicos de indivíduos ou grupos.
>
> **Art. 2º** – Para efeito da realização da Psicoterapia, o psicólogo deverá observar os seguintes princípios e procedimentos que qualificam a sua prática:
>
> I – buscar um constante aprimoramento, dando continuidade à sua formação por meio de centros especializados que se pautem pelo respeito ao campo teórico, técnico e ético da psicologia como ciência e profissão;
>
> II – pautar-se em uma avaliação psicológica fundamentada, devendo, ainda, manter registro referente ao atendimento realizado: indicando o meio utilizado para diag-

nóstico, ou motivo inicial, atualização, registro de interrupção e alta;

III – esclarecer à pessoa atendida o método e as técnicas utilizadas, mantendo-a informada sobre as condições do atendimento, assim como seus limites e suas possibilidades;

IV – fornecer, sempre que solicitado pela pessoa atendida ou seu responsável, informações sobre o desenvolvimento da psicoterapia, conforme o Código de Ética Profissional do Psicólogo;

V – garantir a privacidade das informações da pessoa atendida, o sigilo e a qualidade dos atendimentos;

VI – estabelecer contrato com a pessoa atendida ou seu responsável;

VII – dispor, para consulta da pessoa atendida, de um exemplar do Código de Ética Profissional do Psicólogo, no local do atendimento.

A Resolução CFP 001/2009 dispõe sobre a obrigatoriedade do registro documental atualizado (em papel ou informatizado), decorrente da prestação de serviços psicológicos, sendo sua guarda de responsabilidade do psicólogo e/ou da instituição, por um período mínimo de 5 (cinco) anos.

Cabe ressaltar a importância de um contrato de trabalho claro, objetivo, observando-se as especificidades e alcances de cada técnica, que em hipótese alguma deverá desrespeitar a privacidade do usuário, sendo a quebra do sigilo passível em situações extremas, de preferência, após a consulta ao Centro de Orientação do CRP. No Código de Ética atual, a questão do sigilo é ressaltada em pelo menos 7 artigos.

Art. 9º – É dever do psicólogo respeitar o sigilo profissional a fim de proteger, por meio da confidencialidade, a intimidade das pessoas, grupos ou organizações, a que tenha acesso no exercício profissional.

Art. 10 – Nas situações em que se configure conflito entre as exigências decorrentes do disposto no Art. 9º e as afirmações dos princípios fundamentais deste Código, excetuando-se os casos previstos em lei, o psicólogo poderá decidir pela quebra de sigilo, baseando sua decisão na busca do menor prejuízo.

Parágrafo único – Em caso de quebra do sigilo previsto no *caput* deste artigo, o psicólogo deverá restringir-se a prestar as informações estritamente necessárias.

Art. 11 – Quando requisitado a depor em juízo, o psicólogo poderá prestar informações, considerando o previsto neste Código.

Art. 12 – Nos documentos que embasam as atividades em equipe multiprofissional, o psicólogo registrará apenas as informações necessárias para o cumprimento dos objetivos do trabalho.

Art. 13 – No atendimento à criança, ao adolescente ou ao interdito, deve ser comunicado aos responsáveis o estritamente essencial para se promoverem medidas em seu benefício.

Art. 14 – A utilização de quaisquer meios de registro e observação da prática psicológica obedecerá às normas deste Código e a legislação profissional vigente, devendo o usuário ou beneficiário, desde o início, ser informado.

Art. 15 – Em caso de interrupção do trabalho do psicólogo, por quaisquer motivos, ele deverá zelar pelo destino dos seus arquivos confidenciais.

§ 1° – Em caso de demissão ou exoneração, o psicólogo deverá repassar todo o material ao psicólogo que vier a substituí-lo, ou lacrá-lo para posterior utilização pelo psicólogo substituto.

§ 2° – Em caso de extinção do serviço de Psicologia, o psicólogo responsável informará ao Conselho Regional de Psicologia, que providenciará a destinação dos arquivos confidenciais.

Apesar de todo o cuidado dispensado à questão do sigilo e da privacidade que têm sido tema de encontros entre profissionais, estudantes e usuários nos diversos Conselhos Regionais de Psicologia, parece que nos encontramos longe de um consenso. As questões que nos cercam e suscitam angústia enquanto profissionais, supervisores, pesquisadores, estudantes em formação, gira em torno: O que deve ser de fato denunciado? Em que momento? Quais serão as consequências para o usuário e sua família? Aquilo que me é relatado é um fato ou é produto da fantasia, em um dado momento evolutivo? Denuncio ou procuro estabelecer uma condição de trabalho? Esse agressor também não é uma vítima que precisa de cuidados? Será que esses indícios não são um pedido de ajuda, de proteção? Essas são apenas algumas das questões...

São questões difíceis de serem respondidas e que demandam uma análise criteriosa e profunda dos diversos componentes envolvidos. Uma coisa é certa, pelo imperativo do ECA e da Constituição Federal, na dúvida, denuncia-se, mas precisamos cuidar para não cairmos no denuncismo, tão em voga nos dias de hoje.

Uma das alternativas parece ser o trabalho com a equipe multiprofissional, onde várias percepções e alternativas podem ser discutidas, muitas vezes tornando-se viável visitas domiciliares. Outras são as entrevistas familiares e as entrevistas individuais com vários membros da família, uma escuta neutra na busca de possíveis soluções.

Você deve estar pensando em outra série de questões e de possibilidades de atuação, e deve também ter identificado um grande dilema ético, que é saber "até que ponto deve ir?"

Terapias não reconhecidas cientificamente

Até o início da década de 1990, procurou-se tratar a questão pertinente às práticas alternativas (como eram chamadas as práticas não reconhecidas cientificamente até então) por meio de uma fiscalização mais acirrada, com a abertura de processos éticos.

Em 1994, no I Congresso Nacional de Psicologia, a questão foi rediscutida e ampliada, passando-se a considerar a necessidade de se conhecer os fenômenos envolvidos, de forma científica, por meio de pesquisas, reconhecendo-se a importância dos centros de pesquisa, em sua grande maioria vinculados às universidades, o que foi aprofundado no II Congresso de Psicologia realizado em 1996.

Como se pode constatar, a delimitação das técnicas e métodos psicológicos empregados tem sido uma preocupação constante. A Resolução CFP 010/97, de 20/10/1997, em sua ementa *"estabelece critérios para a divulgação, a publicação e o exercício profissional do psicólogo, associados a práticas que não estejam de acordo com os critérios científicos estabelecidos no campo da Psicologia"*, salientando que as técnicas e práticas ainda não reconhecidas poderão ser utilizadas no exercício profissional, desde que estejam em processo de pesquisa, protocoladas no CFP e que o usuário seja informado tratar-se de uma pesquisa, seus objetivos, riscos subjacentes e assine o Termo de Consentimento Informado e Esclarecido, expressando ter conhecimento de seu caráter experimental. O profissional precisa comprovar treinamento específico para a utilização da técnica e não pode cobrar honorários ou pagar pela participação do usuário.

Cabe notar que são técnicas não reconhecidas cientificamente, que podem envolver aspectos místicos, filosóficos, adivinhatórios, como os Florais de Bach, a Terapia de Vidas Passadas, a Tarologia, a Astrologia, a Cromoterapia, a Aromaterapia, a Terapia dos Mantras, a Iridologia, entre outras. O psicólogo não deverá veicular seu título e número de registro a tais práticas, em quaisquer circunstâncias.

A Resolução CFP 011/97, de 20/10/1997 estabelece melhor as condições de pesquisa com as técnicas não reconhecidas cientificamente. Resolve em seu artigo 1º:

> **Art. 1º** – Todo psicólogo que esteja desenvolvendo pesquisas em métodos ou técnicas não reconhecidas no campo da Psicologia deverá ter protocolo de pesquisa aprovado por Comitê de Ética em Pesquisa reconhecido pelo Conselho Nacional de Saúde, conforme Resolução CNS 196/96 ou legislação que venha a substituí-la.

Salienta também em seu artigo 3º que o reconhecimento dos resultados não deve pautar-se em pesquisas isoladas, mas na ampla divulgação e experimentação no meio científico.

No ano de 2000 a Hipnose passa a ser reconhecida pela Resolução CFP 13/2000 como um recurso auxiliar de trabalho psicológico, desde que o psicólogo possa comprovar capacitação adequada. No artigo 3º denota-se a preocupação com o uso fútil, sensacionalista ou constrangedor da técnica, alertando para o mau uso do exercício profissional e para a observância dos princípios da não maleficência e beneficência.

A Acupuntura foi regulamentada pela Resolução CFP 05/2002, visto que consta desde 1977 no Catálogo Brasileiro de Ocupações do Ministério do Trabalho. Considera *"a proximidade de propósitos entre a Acupuntura e a Psicologia, no sentido de intervenção e ajuda ao sofrimento psíquico ou distúrbios psicológicos propriamente ditos"*. Também deve ser utilizada como recurso auxiliar, desde que o psicólogo possa comprovar capacitação adequada. Em 30/04/2013, o Supremo Tribunal Federal 1ª Região anulou a Resolução CFP 05/2002, considerando que a prática não esta prevista na Lei 4.119/62, que regulamenta a profissão de psicólogo. Tal questão tem sido alvo de inúmeros debates nos Conselhos Regionais e Conselho Federal de Psicologia, com encaminhamento de recursos ao STF.

Práticas mediadas por computador

Com o desenvolvimento tecnológico, uma nova forma de atendimento psicológico também necessitou de regulamentação: as modalidades de atendimento mediadas por computador. Na década passada, a Psicoterapia Mediada por Computador constituía-se em uma outra prática não reconhecida na Psicologia, sendo que só poderia ser utilizada, se atendesse os critérios da Resolução CNS/MS 196/96: possuir protocolo de pesquisa aprovado por um Comitê de Ética em Pesquisa, reconhecido pelo CNS; respeitar o Código de Ética Profissional; o serviço prestado não poderia ser cobrado e o usuário precisaria assinar um Termo de Consentimento Livre e

Esclarecido; o sigilo e a privacidade precisam sempre ser mantidos. Essas delimitações são expostas na Resolução CFP 003/2000, que em seu artigo 5º também elenca os serviços mediados por computador e reconhecidos pela comunidade científica:

> Orientação psicológica e afetivo-sexual, desde que pontuais e informativas; orientação profissional; orientação de aprendizagem e Psicologia escolar; orientação ergonômica; consultorias a empresas; reabilitação cognitiva, ideomotora e comunicativa; processos prévios de seleção; utilização de testes informatizados devidamente validados; utilização de softwares informativos e educativos com resposta automatizada, e outros, desde que não firam o disposto no Código de Ética Profissional do Psicólogo...

Ressalta também que o psicólogo, quando prestar serviços utilizando-se da internet ou similar, deverá identificar-se por meio de uma credencial de autenticação eletrônica, apresentando um número de cadastro com hiperlink, selo ou equivalente conferido pelo CFP, que trarão a identificação do período de validade da concessão do tempo para a pesquisa.

> **Art. 7º** – Durante os 5 (cinco) primeiros anos, a contar da data de publicação desta Resolução, será mantida, pelos Conselhos, Comissão Nacional de validação, acompanhamento e fiscalização dos sites.

A Resolução CFP 006/2000 institui a Comissão Nacional de Credenciamento e Fiscalização dos Serviços de Psicologia pela internet, detalhando as atribuições no art. 2º.

Art. 2º – A Comissão de que trata a presente Resolução tem por atribuições:

I – Desenvolver critérios, por meio de rigorosa análise e coleta de informações qualificadas, para avaliar a qualidade dos serviços psicológicos oferecidos pela internet.

II – Acompanhar o credenciamento e fiscalizar os sites de atendimento psicoterapêutico mediado pelo computador;

III – Acompanhar a certificação dos sites de pesquisa sobre atendimento mediado pelo computador que tenham sido aprovados por Comitê de Ética em Pesquisa reconhecida pelo Conselho Federal de Psicologia.

A Resolução CFP 010/2003 altera a Resolução CFP 003/2000 que Regulamenta o atendimento psicoterapêutico mediado por computador.

A Resolução CFP 012/2005 regulamenta o atendimento psicoterapêutico e outros serviços psicológicos mediados por computador e revoga a Resolução CFP 003/2000, mas mantendo e ampliando vários artigos da mesma. A Resolução CFP 011/2012, revoga a Resolução CFP 012/2005.

Art. 1º – São reconhecidos os seguintes serviços psicológicos realizados por meios tecnológicos de comunicação à distância desde que pontuais, informativos, focados no tema proposto e que não firam o disposto no Código de Ética Profissional da(o) psicóloga (o) e esta Resolução:

I – Orientações psicológicas de diferentes tipos, entendendo-se por orientação o atendimento realizado em até 20 encontros ou contatos virtuais, síncronos ou assíncronos;

II – Os processos prévios de Seleção de Pessoal;

III – Aplicação de Testes devidamente regulamentados por resolução pertinente;

IV – A Supervisão do trabalho de psicólogos, realizada de forma eventual ou complementar ao processo de sua formação profissional presencial.

V – O Atendimento eventual de clientes em trânsito e/ou de clientes que momentaneamente se encontrem possibilitados de comparecer ao atendimento presencial.

Parágrafo Único – Em quaisquer modalidades destes serviço(s) a(o) psicóloga(o) está obrigada(o) a especificar quais são os recursos tecnológicos utilizados para garantir o sigilo das informações e esclarecer o cliente sobre isso.

8
Considerações finais

Partindo-se do pressuposto que uma boa prática profissional deve embasar-se no conhecimento, no esclarecimento, na orientação, o Conselho Federal e os Conselhos Regionais de Psicologia, abriram um canal constante de comunicação com a classe profissional e com a comunidade, por meio da criação do Centro de Orientações, em 1994. O Centro de Orientações pode ser acessado pessoalmente, por contato telefônico (mesmo número do CRP) ou por internet (www.crpsp.org.br), tornando acessível a elucidação de dúvidas advindas tanto da prática profissional quanto da utilização do serviço psicológico pelos usuários. As dúvidas mais frequentes versam sobre a legislação, os dilemas éticos, as regulamentações.

Nesse processo de aproximação e esclarecimento, e, graças também ao avanço das ciências da informática, o site do CRPSP disponibiliza vários serviços, informações, estatutos, acervos, links.

Ao longo dos anos, os vários segmentos dentro da Psicologia organizaram associações, federações, sociedades, de acordo com sua especificação. Entre elas temos: a Associação Brasileira de Ensino e Pesquisa (ABEP), a Associação Brasileira de Psicanálise (ABP), a Associação Brasileira de Psicodrama e Sociodrama (ABPS), a Associação Brasileira de Psicologia Escolar e Educacional (ABRAPE), a Associação Brasileira de Psicologia Social (ABRAPSO), a Associação

Brasileira de Psicoterapia (ABRAP), a Associação Brasileira de Psicologia e Medicina Comportamental (ABPMC), a Federação Brasileira de Psicodrama (FEBRAP), a Sociedade Brasileira de Análise Bioenergética (SOBAB), a Sociedade Brasileira de Psicologia Analítica, a Sociedade Brasileira de Psicanálise de São Paulo (SBPSP), a Sociedade Brasileira de Psicologia e Acupuntura (SOBRAPA), a Sociedade Brasileira de Psicologia Hospitalar (SBPH), a Sociedade Brasileira de Sexualidade Humana (SBRASH).

Essas organizações têm contribuído substancialmente para o desenvolvimento, reflexão e transformação da Psicologia enquanto ciência, promovendo eventos, congressos, curso de especialização, debatendo os conflitos da classe e acolhendo a todos enquanto associados. Cabe lembrar que a atualização constante faz parte de nossos deveres éticos...

Anexos

Anexo 1
Código de Ética Profissional do Psicólogo de 1975

Aprovado pela Resolução 008/1975, de 02/02/75 do CONSELHO FEDERAL DE PSICOLOGIA e publicado no *Diário Oficial da União* de 08/04/75.

Princípios Fundamentais

1º) Somente pode intitular-se Psicólogo, e nesta qualidade exercer a profissão no Brasil, a pessoa legalmente credenciada nos termos da Lei 4.119 de agosto de 1962, da Lei 5.766 de 20 de dezembro de 1971 e de legislação posterior.

2º) O psicólogo baseia seu trabalho no respeito à dignidade do indivíduo como pessoa humana.

3º) O psicólogo em seu trabalho procurará sempre promover o bem-estar da humanidade e de toda pessoa humana com quem entre em relação como profissional.

4º) O psicólogo em seu trabalho procurará sempre desenvolver o sentido de sua responsabilidade profissional, pelo aprimoramento de suas vivências morais, de seus conhecimentos éticos e pela melhoria constante de sua competência científica e técnica.

5º) O psicólogo no exercício de sua profissão completará a definição de suas responsabilidades, direitos e deveres nas disposições da legislação especial ou geral em vigor no país e nas da tradição ética de profissões congêneres.

Das responsabilidades gerais do psicólogo

Art. 1º – São deveres fundamentais do psicólogo:

a) prestar serviços profissionais independentemente de qualquer proveito pessoal, nas situações de calamidade pública ou de graves crises sociais;

b) colaborar sempre que possível, desinteressadamente, em campanhas educacionais que visem difundir princípios psicológicos úteis ao bem-estar da coletividade;

c) esforçar-se por obter eficiência máxima em seus serviços, mantendo-se atualizado quanto aos conhecimentos científicos e técnicos;

d) assumir somente a responsabilidade por tarefas para as quais esteja capacitado;

e) reconhecer as limitações de sua formação e personalidade, renunciando qualquer trabalho que possa ser por elas prejudicado;

f) recorrer a outros especialistas, sempre que necessário;

g) colaborar para o progresso da Psicologia como ciência e como profissão.

Art. 2º – Aos psicólogos é vedado:

a) praticar atos que impliquem a mercantilização da Psicologia;

b) usar títulos que não possuam;

c) dar psicodiagnósticos, aconselhamentos e orientação psicológica individuais através de jornais, rádio, televisão e correspondência;

d) desviar para atendimento particular próprio clientes que tenham atendido em virtude de sua função em instituição especializada;

e) acumpliciar-se, por qualquer forma, com pessoas que exerçam ilegalmente a profissão de psicólogo.

Das responsabilidades para com o cliente

Art. 3º – Define-se como cliente a pessoa, entidade ou organização a quem o Psicólogo presta serviços profissionais.

Art. 4º – São deveres dos psicólogos nas suas relações com os clientes:

a) dar ao cliente ou, no caso de seu impedimento, a quem de direito, informações concernentes ao trabalho a ser realizado, definindo bem seus compromissos e responsabilidades profissionais, a fim de que o cliente possa decidir-se pela aceitação ou não da assistência prevista;

b) limitar o número de seus clientes às responsabilidades concretas de trabalho eficiente;

c) atender seus clientes sem estabelecer discriminações ou prioridades decorrentes de condições de raça, prestígio, autoridade, credo ou situação econômica;

d) oferecer aos clientes serviços de outros colegas sempre que se impuser a necessidade de continuidade de tratamento e este, por motivos ponderáveis, não puder ser continuado por ele próprio;

e) entrar em entendimento com seu substituto, comunicando-lhe as informações necessárias à boa evolução do caso, sempre que tenha ocorrido a sua substituição;

f) esclarecer o cliente sobre os prejuízos de uma possível interrupção da assistência que vem recebendo, ficando isento de qualquer responsabilidade caso o paciente se mantenha em seus propósitos;

g) exercer somente dentro de situações estritamente profissionais suas atividades de orientação, aconselhamento, psicodiagnóstico e todas as demais técnicas psicológicas;

h) utilizar de interrogatório sob a ação hipnótica, ou de processos similares, só quando tais procedimentos se justifiquem dentro de uma técnica terapêutica bem estabelecida e sempre em benefício do cliente;

i) manter com o cliente relacionamento estritamente profissional.

Art. 5º – Aos psicólogos, em suas relações com o cliente, é vedado:

a) induzir indevidamente qualquer pessoa a recorrer a seus serviços;

b) prolongar desnecessariamente o atendimento previsto;

c) influenciar as convicções políticas, filosóficas ou religiosas de seus clientes.

Das responsabilidades e relações com as instituições empregadoras e outras

Art. 6º – O psicólogo funcionário de uma organização deve sujeitar-se aos padrões gerais da instituição, o que interdita a assinar contrato de trabalho quando o regulamento ou costumes ali vigentes contrariem sua consciência profissional e os princípios e normas deste Código.

Art. 7º – Não deve o psicólogo aceitar emprego deixado por colega que tenha sido exonerado sem justa causa ou que haja pedido demissão para preservar a dignidade ou os interesses da profissão e os princípios e normas do presente Código.

Das relações com outros psicólogos

Art. 8º – O psicólogo deve ter para com seus colegas a consideração, o apreço e a solidariedade que refletem a harmonia da classe e lhe aumentem o conceito público.

Art. 9º – O psicólogo, quando solicitado, deverá colaborar com seus colegas e prestar-lhe serviços profissionais, salvo impossibilidade decorrente de motivo relevante.

Art. 10 – O espírito de solidariedade não pode induzir o psicólogo a ser conivente com o erro ou a contravenção penal praticado por colega, devendo a crítica respectiva ser feita em associações de classe e na presença do criticado.

Art. 11 – O psicólogo não atenderá o cliente que esteja sendo assistido por algum colega, salvo nas seguintes situações:

   a) a pedido desse colega;

   b) em casos de urgência, nos quais dará imediata ciência ao colega;

   c) no próprio consultório quando ali procurado espontaneamente pelo cliente, quando dará a esse colega ciência do fato.

Das relações com outros profissionais

Art. 12 – O psicólogo procurará manter e desenvolver boas relações com os componentes de outras categorias profissionais, observando, para esse fim, o seguinte:

   a) trabalhar nos estritos limites das atividades que lhe são reservadas por lei e da tradição da psicologia;

b) reconhecer os casos pertencentes aos demais campos de especialização profissional, encaminhando-os às pessoas habilitadas e qualificadas para a sua solução.

Art. 13 – O psicólogo, nas suas relações com outros profissionais, manterá elevado o conceito e padrões de sua própria profissão.

Das relações com associações congêneres e representativas dos psicólogos

Art. 14 – O psicólogo procurará filiar-se às associações profissionais e científicas que tenham como finalidade a defesa da dignidade e direitos profissionais, a difusão e o aprimoramento da Psicologia como ciência e a harmonia e cooperação de sua classe.

Art. 15 – O psicólogo deverá apoiar as iniciativas e os movimentos de defesa dos interesses morais e materiais da classe, através dos seus órgãos representativos.

Das relações com a justiça

Art. 16 – Qualquer psicólogo, no exercício legal de sua profissão, pode ser nomeado perito para esclarecer a justiça em assuntos de sua competência.

Parágrafo único – O psicólogo pode excusar-se de funcionar em perícia cujo assunto escape à sua competência, ou por motivo de força maior, devendo sempre dar a devida consideração à autoridade que o nomeou, solicitando-lhe dispensa do encargo antes de qualquer compromissamento.

Art. 17 – O psicólogo porá de parte o espírito de classe ou de camaradagem, procurando apenas servir à justiça imparcialmente, sempre que um colega for interessado na questão.

Art. 18 – O psicólogo perito deverá agir com absoluta isenção, limitando-se à exposição do que tiver conhecimento através de exames e observações e não ultrapassará, nos laudos, a esfera de suas atribuições e competência.

Art. 19 – O psicólogo deverá levar ao conhecimento da autoridade que o nomeou a impossibilidade de formular o laudo à recusa do indivíduo que deveria ser por ele examinado.

Art. 20 – É vedado ao psicólogo:

a. ser perito de cliente seu;

b. funcionar em perícia em que seja parte, pessoa de sua família, amigo íntimo ou inimigo;

c. valer-se do cargo que exerce, ou dos laços de parentesco ou amizade com autoridades administrativas ou judiciárias para pleitear ser nomeado perito.

Do sigilo profissional

Art. 21 – O sigilo, imperativo da ética profissional, protege o examinando em tudo aquilo que o psicólogo ouve, vê ou tem conhecimento como decorrência do exercício de sua atividade profissional.

Art. 22 – Somente o próprio cliente poderá ser informado dos resultados dos exames realizados pelo psicólogo, quando tais exames tenham sido solicitados por ele.

Art. 23 – Quando uma pessoa é examinada a pedido de terceiros, os resultados podem ser dados a quem solicitou, desde que o examinando ou, no seu impedimento, quem de direito, concorde com essa medida, e que não seja levado nada além do estritamente necessário.

Art. 24 – É admissível a quebra do sigilo profissional nos seguintes casos:

a) quando o cliente for menor, tiver sido encaminhado por seus pais, tutores ou responsáveis, aos quais unicamente cabe prestar as informações;

b) quando se tratar de fato delituoso, previsto em lei, e a gravidade de suas consequências sobre terceiros crie para o psicólogo o imperativo de consciência de denunciá-los à autoridade competente.

Das comunicações científicas e das publicações

Art. 25 – A mais ampla liberdade de pesquisa deve ser assegurada ao psicólogo, não sendo, porém, admissíveis:

a) promover experimentos com risco físico ou moral de seres humanos;

b) subordinar as investigações a ideologias que possam viciar o curso da pesquisa ou os seus resultados.

Art. 26 – O psicólogo deverá divulgar os resultados científicos de suas investigações, sempre que estes resultados tenham significação positiva para o desenvolvimento da Psicologia como ciência ou representem aprimoramento técnico dentro da profissão.

Art. 27 – Na publicação de qualquer trabalho, o psicólogo deve citar integralmente as fontes de tudo o que buscou em outros.

Art. 28 – Na publicação dos resultados de suas investigações o psicólogo deve divulgar somente os dados realmente obtidos e todas as conclusões que julgue justificadas pela pesquisa feita.

Art. 29 – Nas publicações não estritamente técnicas, com caráter de divulgação científica, o psicólogo apresentará os assuntos com a necessária prudência, considerando sempre as características do público a que se dirige.

Art. 30 – Caberá ao psicólogo resguardar o padrão e nível de sua ciência e profissão em todo e qualquer tipo de publicação ou apresentação em órgãos de divulgação.

Art. 31 – É vedado ao psicólogo ceder, dar, emprestar ou vender técnicas a leigos ou a pessoas que não sejam credenciadas como psicólogos, ou de qualquer modo divulgar tais técnicas entre pessoas estranhas à profissão e à ciência psicológica.

Da publicidade profissional

Art. 32 – O psicólogo, ao promover publicamente a divulgação de seus serviços, somente deverá fazê-lo com exatidão e dignidade.

Art. 33 – É vedado ao psicólogo anunciar a prestação de serviços gratuitos ou a preços vis em consultórios particulares.

Dos honorários profissionais

Art. 34 – Os honorários devem ser fixados com todo o cuidado a fim de que, representem justa retribuição pelos serviços prestados, sejam acessíveis ao cliente e tornem a profissão reconhecida pela confiança e aprovação do público.

Art. 35 – Os honorários devem obedecer a uma escala ou plano de serviços prestados e devem ser comunicados ao cliente antes do início dos trabalhos.

Da fiscalização do exercício profissional da psicologia no cumprimento dos princípios éticos

Art. 36 – O Conselho Federal e os Regionais de Psicologia manterão uma Comissão de Ética para assessorá-los na aplicação deste Código, no zelo de sua observância e na fiscalização do exercício profissional.

Art. 37 – As infrações a este Código de Ética Profissional poderão acarretar penalidades variadas, desde a simples advertência até o pedido de cassação de sua inscrição profissional, nos formados dispositivos legais e/ou regimentais.

Art. 38 – Cabe aos psicólogos, legalmente habilitados, denunciar aos seus Conselhos qualquer pessoa que esteja exercendo a profissão sem a respectiva inscrição.

Disposições gerais

Art. 39 – Os estudantes dos cursos de Psicologia ficam obrigados à observância do presente Código de Ética Profissional.

Art. 40 – Cumprir e fazer cumprir este Código é dever de todo psicólogo.

Anexo 2
Código de Ética Profissional do Psicólogo de 1979

Resolução CFP 029/79 de 30/08/1979

Estabelece Novo Código de Ética dos Psicólogos e revoga a Resolução CFP 08/75, de 02/02/1975.

O CONSELHO FEDERAL DE PSICOLOGIA, em sua 58ª Reunião Plenária, usando da atribuição que lhe confere o art. 6º, letra "e" da Lei 5.755, de 20 de dezembro de 1971,

CONSIDERANDO a necessidade de aperfeiçoar o Código de Ética pelo qual os profissionais de Psicologia possam pautar suas atividades,

CONSIDERANDO que um Código de Ética, pela sua natureza, supõe constante atualização e frequentes revisões,

RESOLVE:

Art. 1º – Estabelecer o Código de Ética dos Profissionais em anexo.

Art. 2º – Revogar a Resolução CFP 08/75 de 02 de fevereiro de 1975.

Art. 3º – Esta Resolução entra em vigor na data de sua publicação, revogadas as disposições em contrário.

Código de Ética Profissional dos Psicólogos do Brasil

Princípios Fundamentais

I. Somente pode intitular-se psicólogo e, nesta qualidade, exercer a profissão no Brasil, a pessoa legalmente credenciada nos termos da Lei 4.119 de agosto de 1962, da Lei 5.766 de 20 de dezembro de 1971 e de legislação posterior.

II. O psicólogo baseia seu trabalho no respeito à dignidade do indivíduo como pessoa humana.

III. O psicólogo em seu trabalho procurará sempre promover o bem-estar da pessoa e da humanidade.

IV. O psicólogo em seu trabalho individual ou em equipe procurará sempre desenvolver o sentido de sua responsabilidade profissional pelo aprimoramento de suas vivências morais, de seus conhecimentos e procedimentos éticos e pela melhoria constante de sua competência científica e técnica.

V. O psicólogo, no exercício de sua profissão, completará a definição de suas responsabilidades, direitos e deveres nas disposições da legislação especial ou geral, em vigor no país, e na tradição ética de profissões congêneres.

Das responsabilidades gerais do psicólogo

Art. 1º– São deveres fundamentais do psicólogo:

a) Esforçar-se por obter eficiência máxima em seus serviços, procurando sempre atualizar-se;

b) Assumir responsabilidade somente por tarefas para as quais esteja capacitado, reconhecendo suas limitações e renunciando a trabalho que possa ser por eles prejudicado;

c) Recorrer a outros especialistas, sempre que necessário;

d) Colaborar para o progresso da Psicologia como ciência e como profissão, e para a difusão dos princípios psicológicos úteis à coletividade;

e) Prestar serviços profissionais sem visar proveito pessoal, nas situações de calamidade pública ou de graves crises sociais.

Art. 2°– Aos psicólogos é vedado:

a) Usar títulos que não possua;

b) Dar psicodiagnósticos, aconselhamentos e orientação psicológica a um indivíduo ou a um grupo, através de jornais, revistas, rádio, televisão ou correspondência;

c) Desviar para atendimento particular próprio, com finalidade lucrativa, clientes que tenha atendido em virtude de sua função em instituição especializada;

d) Praticar atos que impliquem a mercantilização da Psicologia;

e) Acumpliciar-se com pessoas que exerçam ilegalmente a profissão de psicólogo ou qualquer outra atividade profissional.

Das responsabilidades para com o cliente

Art. 3°– Define-se, como cliente, a pessoa, entidade ou organização a que o psicólogo presta serviços profissionais.

Art. 4°– São deveres do psicólogo nas suas relações com o cliente:

a) Dar ao cliente ou – no caso de impedimento deste –, a quem de direito, informações concernentes ao trabalho a ser realizado, definindo bem seus compromissos e responsabilidades profissionais, a fim de que o cliente possa decidir-se pela aceitação ou recusa da assistência prevista;

b) Esclarecer o cliente, no caso de atendimento em equipe, definindo a qualificação profissional dos demais membros desta, seus papéis e responsabilidades;

c) Limitar o número de seus clientes às condições de trabalho eficiente;

d) Atender seus clientes, sem qualquer discriminações ou prioridades decorrente de raça, prestígios, autoridade, credo ou situação econômica;

e) Sugerir ao cliente serviços de outros colegas, sempre que se impuser a necessidade de prosseguimento dos serviços prestados, e estes, por motivos ponderáveis, não puderem ser continuados por quem os assumiu, inicialmente;

f) Entrar em entendimento com seu substituto, comunicando-lhe as informações necessárias à boa evolução do caso, quando se caracterizar a situação mencionada no item anterior;

g) Esclarecer o cliente quanto aos prejuízos da interrupção inoportuna da assistência que vem recebendo, ficando o psicólogo isento de qualquer responsabilidade ética, se o cliente se mantiver no propósito de abandoná-lo;

h) Evitar estabelecer com o cliente relacionamento que não seja estritamente profissional.

Art. 5º – É vedado aos psicólogos, em suas relações com o cliente:

a) Induzir qualquer pessoa a recorrer a seus serviços;

b) Prolongar, desnecessariamente, o atendimento previsto;

c) Influenciar convicções políticas, filosóficas, morais ou religiosas de cliente;

d) Pleitear do cliente comissões, doações ou vantagens outras, de qualquer espécie, além dos honorários estabelecidos;

e) Interromper a assistência ao cliente, salvo por motivo relevante e com a devida justificação.

Das responsabilidades e relações com as instituições empregadoras e outras

Art. 6º – O psicólogo, ao ingressar em uma organização, deve considerar a filosofia e os padrões gerais desta, tornando-se interdito o contrato de trabalho, sempre que normas e costumes ali vigentes contrariem sua consciência profissional, bem como os princípios e regras deste Código.

Art. 7º – Não deve o psicólogo, como pessoa física ou como responsável por instituições prestadoras de serviço em Psicologia, aceitar emprego ou tarefa, deixado por colega exonerado, ou demitido, em circunstâncias que atinjam a dignidade da profissão e os princípios e normas do presente Código.

Parágrafo único – A restrição contida no *caput* deste artigo desaparece, caso se modifiquem as condições que provocaram o afastamento do colega.

Das relações com outros psicólogos

Art. 8º – O psicólogo deve ter para com seus colegas a consideração e a solidariedade que fortaleçam a harmonia e o bom conceito da classe.

Art. 9º – O psicólogo, quando solicitado, deverá colaborar com seus colegas e prestar-lhes serviços profissionais, salvo impossibilidade decorrente de motivo relevante.

Art. 10 – O psicólogo não deverá, em função do espírito de solidariedade, ser conivente com erro ou contravenção penal praticados por colega.

Art. 11 – A crítica a colega deverá ser sempre objetiva, construtiva, comprovável e de inteira responsabilidade do autor.

Art. 12 – O psicólogo não pleiteará para si emprego, cargo ou função que esteja sendo exercido por outro psicólogo.

Art. 13 – O psicólogo não atenderá cliente que esteja sendo assistido por algum colega, salvo nas seguintes situações:

a) A pedido desse colega;

b) Em caso de urgência, quando dará imediata ciência ao colega;

c) Quando informado seguramente da interrupção definitiva do atendimento prestado pelo colega.

Das relações com outros profissionais

Art. 14 – O psicólogo procurará manter bom relacionamento com outros profissionais, empenhando-se em:

a) Trabalhar dentro dos limites das atividades que lhe são reservadas pela legislação;

b) Reconhecer os casos pertencentes aos demais campos de especialização profissional, encaminhando-os às pessoas habilitadas e qualificadas para sua solução;

Art. 15 – O psicólogo, perante os outros profissionais, e em seu relacionamento com eles, se empenhará por manter elevados o conceito e os padrões de sua profissão.

Das relações com associações congêneres e representativas dos psicólogos

Art. 16 – O psicólogo deverá prestigiar as associações profissionais e científicas que tenham como finalidade a defesa da dignidade e dos direitos profissionais, a difusão e o aprimoramento da Psicologia, como ciência e como profissão, a harmonia e a coesão de sua categoria profissional.

Art. 17 – O psicólogo deverá apoiar as iniciativas e os movimentos de defesa dos interesses morais e materiais da classe, através dos seus órgãos representativos.

Das relações com a justiça

Art. 18 – O psicólogo, no exercício legal de sua profissão, pode ser nomeado perito para esclarecer a justiça em matéria de sua competência.

Parágrafo único – O psicólogo deve excusar-se de funcionar em perícia que escape à sua competência, ou por motivo de força maior, desde que dê a devida consideração à autoridade que o nomeou.

Art. 19 – O psicólogo deve procurar servir, imparcialmente, à justiça, mesmo que um colega for parte na questão.

Art. 20 – O psicólogo perito deverá agir com absoluta isenção, limitando-se à exposição do que tiver conhecimento através dos exames e observações e não ultrapassando, nos laudos, a esfera de suas atribuições.

Art. 21 – O psicólogo deverá levar ao conhecimento da autoridade que o nomeou a impossibilidade de formular o laudo, face à recusa da pessoa que deveria ser por ele examinada.

Art. 22 – É vedado ao psicólogo:
a) Ser perito de cliente seu;
b) Funcionar em perícia em que sejam parte parente até seu segundo grau, ou afim, amigo ou inimigo;
c) Valer-se do cargo que exerce, ou dos laços de parentesco ou amizade com autoridades administrativas ou judiciárias, para pleitear ser nomeado perito.

Do sigilo profissional

Art. 23 – O sigilo, imperativo da ética profissional, protege o cliente em tudo aquilo que o psicólogo ouve, vê ou de que tem conhecimento, como decorrência do exercício de sua atividade profissional.

Art. 24 – Somente o examinando, e a critério do psicólogo, poderá ser informado dos resultados dos exames.

Art. 25 – Se o atendimento for realizado a pedido de outrem, só poderão ser dadas informações a quem o solicitou, dentro dos limites do estritamente necessário, e com anuência do examinando.

§ 1º – É vedado ao psicólogo remeter informações confidenciais a pessoas ou entidades que não estejam obrigadas a sigilo por Código de Ética ou que, por qualquer forma, permitam a estranhos o acesso a essas informações.

§ 2º – Nos casos de laudo pericial, o psicólogo deverá tomar todas as precauções a fim de que, servindo à autoridade que o designou, não venha a expor indevida e desnecessariamente seu examinando.

Art. 26 – Quando o psicólogo fizer parte de uma equipe, o cliente deverá ser informado de que seus membros poderão ter acesso a material referente ao caso.

Art. 27 – O psicólogo evitará atender cliente menor ou impedido, sem o conhecimento de seus responsáveis.

Parágrafo único – O sigilo profissional é válido também para o menor ou impedido, devendo ser comunicado aos responsáveis o estritamente essencial para promover medidas em benefício do cliente.

Art. 28 – A quebra do sigilo só é admissível, quando se tratar de fato delituoso, previsto em Lei, e a gravidade de suas consequências, para o próprio cliente ou para terceiros, possa criar para o psicólogo o imperativo de consciência de denunciar o fato.

Art. 29 – Para proteger o sigilo profissional, os arquivos confidenciais do psicólogo, em caso de seu falecimento, devem ser incinerados.

Das comunicações científicas e da divulgação ao público

Art. 30 – Ao psicólogo deve ser assegurada a mais ampla liberdade na realização de seus estudos e pesquisas, bem como no ensino e treinamento, não sendo, porém, admissíveis:

   a) Desrespeitar a dignidade e a liberdade de pessoas ou grupos envolvidos em seus trabalhos;

   b) Promover atividades que envolvam qualquer espécie de risco ou prejuízo para seres humanos ou sofrimento desnecessário para animais;

   c) Subordinar investigações a sectarismos que viciam o curso da pesquisa ou os seus resultados.

Art. 31 – Na publicação de trabalhos científicos, o psicólogo deverá:

   a) Citar as fontes consultadas;

b) Ater-se aos dados obtidos e neles basear suas conclusões;

c) Mencionar as contribuições de caráter profissional prestadas por assistentes ou colaboradores;

d) Obter autorização expressa do autor e a ele fazer referência, quando utilizar fontes particulares ainda não publicadas;

e) Impedir que sejam entendidos como seus, trabalhos de outros autores.

Art. 32 – Nas publicações, com caráter de divulgação científica, o psicólogo deve apresentar os assuntos com a necessária prudência, sem qualquer caráter autopromocional ou sensacionalista, levando em conta o bem-estar da população.

Art. 33 – Em todas as comunicações científicas ou de divulgação para o público, de resultados de pesquisas, de relatos ou estudos de casos, o psicólogo é obrigado a omitir ou a alterar quaisquer dados que possam conduzir à identidade do cliente.

Art. 34 – Na divulgação, por qualquer meio de comunicação social, o psicólogo não poderá utilizar em proveito próprio depoimento de cliente ou de ex-cliente seu.

Art. 35 – Na remessa de laudos ou informes a outros profissionais, o psicólogo deverá assinalar o caráter confidencial do documento e a responsabilidade de quem o recebe em preservar o sigilo.

Art. 36 – Caberá ao psicólogo resguardar o padrão e nível de sua ciência e profissão em todo e qualquer tipo de publicação ou apresentação em órgãos de divulgação.

Art. 37 – É vedado ao psicólogo ensinar, ceder, dar, emprestar ou vender técnicas a leigos, instrumentos e técnicas psicológicas ou, de qualquer modo, divulgá-las entre pessoas estranhas à profissão e à ciência psicológica.

Da publicidade profissional

Art. 38 – O psicólogo só poderá promover, publicamente, a divulgação de seus serviços com exatidão e dignidade, limitando-se a informar, objetivamente, suas habilitações, qualificações e condições de atendimento.

Art. 39 – É vedado ao psicólogo:
    a) Anunciar a prestação de serviços gratuitos ou a preços vis, em consultório ou serviço particular;
    b) Participar como psicólogo, de quaisquer atividades que visem à autopromoção, através de meios de comunicação em massa;
    c) Receber ou pagar remuneração ou porcentagem por encaminhamento de clientes.

Dos honorários profissionais

Art. 40 – Os honorários e salários devem ser fixados com dignidade e com o devido cuidado, a fim de que representem justa retribuição por serviços prestados pelo psicólogo, sejam acessíveis ao cliente e tornem a profissão reconhecida pela confiança e aprovação do público.

Art. 41 – Os honorários devem obedecer a uma escala ou plano de serviços prestados e devem ser comunicados ao cliente, antes do início do trabalho a ser realizado.

Da observância, aplicação e cumprimento do código de ética

Art. 42 – O Conselho Federal e os Conselhos Regionais de Psicologia manterão Comissão de Ética para assessorá-los na aplicação deste Código, no zelo da sua observância.

Art. 43 – As infrações a este Código de Ética Profissional poderão acarretar penalidades várias, desde a simples advertência até o pedido de cassação de sua inscrição profissional, nos formados dispositivos legais e/ou regimentais.

Art. 44 – Cabe aos psicólogos denunciar aos seus Conselhos Regionais qualquer pessoa que esteja exercendo a profissão, sem a respectiva inscrição ou infringindo a legislação sobre a profissão.

Art. 45 – As dúvidas, na observância deste Código, e os casos omissos serão resolvidos pelos Conselhos Regionais de Psicologia, *ad referendum* do Conselho Federal.

Art. 46 – Compete ao Conselho Federal de Psicologia firmar jurisprudência quanto aos casos omissos e fazê-la incorporar a este Código.

Art. 47 – O presente Código poderá ser alterado pelo Conselho Federal de Psicologia, por iniciativa deste ou a partir da proposta do Conselho Regional.

Art. 48 – Os estudantes dos cursos de Psicologia ficam obrigados à observância deste Código.

Art. 49 – Cabe aos psicólogos docentes e supervisores, esclarecer, informar e orientar os estudantes quanto ao cumprimento dos princípios e normas contidos neste Código.

Art. 50 – Cumprir e fazer cumprir este Código é dever de todo psicólogo.

Anexo 3
Código de Ética Profissional do Psicólogo de 1987

Aprovado pela Resolução 002/1987, do CONSELHO FEDERAL DE PSICOLOGIA.

Princípios Fundamentais

I. O psicólogo baseará o seu trabalho no respeito à dignidade e à integridade do ser humano.

II. O psicólogo trabalhará visando promover o bem-estar do indivíduo e da comunidade, bem como a descoberta de métodos e práticas que possibilitem a consecução desse objetivo.

III. O psicólogo, em seu trabalho, procurará sempre desenvolver o sentido de sua responsabilidade profissional através de um constante desenvolvimento pessoal, científico, técnico e ético.

IV. A atuação profissional do psicólogo compreenderá uma análise crítica da realidade política e social.

V. O psicólogo estará a par dos estudos e pesquisas mais atuais de sua área, contribuirá pessoalmente para o progresso da ciência psicológica e será um estudioso das ciências afins.

VI. O psicólogo colaborará na criação de condições que visem eliminar a opressão e a marginalização do ser humano.

VII. O psicólogo, no exercício de sua profissão, completará a definição de suas responsabilidades, direitos e deveres, de acordo com os princípios estabelecidos na Declaração Universal dos Direitos Humanos, aprovada em 10 de dezembro de 1948 pela Assembleia Geral das Nações Unidas.

Das responsabilidades gerais do psicólogo

Art. 1º– São deveres fundamentais do psicólogo:

1. assumir responsabilidade somente por atividades para as quais esteja capacitado pessoalmente e tecnicamente;

2. prestar serviços profissionais em situação de calamidade pública ou de emergência, sem visar a quaisquer benefícios pessoais;

3. prestar serviços psicológicos em condições de trabalho eficientes, de acordo com os princípios e técnicas reconhecidos pela ciência, pela prática e pela ética profissional;

4. sugerir serviços de outros profissionais, sempre que se impuser a necessidade de atendimento e este, por motivos justificáveis, não puder ser continuado por quem o assumiu inicialmente;

5. fornecer ao seu substituto, quando solicitado, as informações necessárias à evolução do trabalho;

6. zelar para que o exercício profissional seja efetuado com a máxima dignidade, recusando e denunciando situações em que o indivíduo esteja correndo risco ou o exercício profissional esteja sendo vilipendiado;

7. participar de movimentos de interesse da categoria que visem à promoção da profissão, bem como daqueles que permitam o bem-estar do cidadão.

Art. 2º– Ao psicólogo é vedado:

a. usar títulos que não possua;

b. apresentar publicamente, através dos meios de comunicação, resultados de psicodiagnóstico de indivíduos ou grupos, bem como interpretar ou diagnosticar situações problemáticas, oferecendo soluções conclusivas;

c. desviar para atendimento particular próprio, com finalidade lucrativa, pessoa em atendimento ou atendida em instituição com a qual mantenha qualquer tipo de vínculo;

d. acumpliciar-se com pessoas que exerçam ilegalmente a profissão de psicólogo ou qualquer outra atividade profissional;

e. induzir a convicções políticas, filosóficas, morais ou religiosas, quando do exercício de suas funções profissionais;

f. induzir qualquer pessoa a recorrer a seus serviços;

g. prolongar, desnecessariamente, a prestação de serviços profissionais;

h. pleitear comissões, doações ou vantagens outras de qualquer espécie, além dos honorários estabelecidos;

i. atender, em caráter não eventual, a menor impúbere ou interdito, sem conhecimento de seus responsáveis;

j. receber, pagar remuneração ou porcentagem por encaminhamento de serviços;

k. interferir na fidedignidade de resultados de instrumentos e técnicas psicológicas;

l. adulterar resultados, fazer declarações falsas e dar atestado sem a devida fundamentação técnico-científica;

m. estabelecer com a pessoa do atendido relacionamento que possa interferir negativamente nos objetivos do atendimento;

n. prestar serviços ou mesmo vincular seu título de psicólogo a serviços de atendimento psicológico por via telefônica.

Art. 3º – São deveres do psicólogo nas suas relações com a pessoa atendida:

a. dar à(s) pessoa(s) atendida(s) ou, no caso de incapacidade desta(s), a quem de direito, informações concernentes ao trabalho a ser realizado;

b. transmitir a quem de direito somente informações que sirvam de subsídios às decisões que envolvam a pessoa atendida;

c. em seus atendimentos, garantir condições ambientais adequadas à segurança da(s) pessoa(s) atendida(s), bem como a privacidade que garanta o sigilo profissional.

Das responsabilidades e relações com instituições empregadoras e outras

Art. 4º – O psicólogo, para ingressar ou permanecer em uma organização, considerará a filosofia e os padrões nela vigentes e interromperá o contrato de trabalho sempre que normas e costumes da instituição contrariarem sua consciência profissional, bem como os princípios e regras deste Código.

§ 1º – O psicólogo atuará na instituição de forma a promover ações para que esta possa se tornar um lugar de crescimento dos indivíduos, mantendo uma posição crítica que garanta o desenvolvimento da instituição e da sociedade.

§ 2º – O psicólogo não estabelecerá com seus colegas, nem aceitará para si, salários que não sejam fixados com dignidade, a fim de que representem justa retribuição pelos serviços prestados.

Art. 5º – (Revogado pela Resolução CFP 006-A/90, de 07 de dezembro de 1990).

§ 1º – (Revogado pela Resolução CFP 006-A/90, de 07 de dezembro de 1990).

§ 2º – (Revogado pela Resolução CFP 006-A/90, de 07 de dezembro de 1990).

Art. 6º – O psicólogo garantirá o caráter confidencial das informações que vier a receber em razão de seu trabalho, bem como do material psicológico produzido.

§ 1º – Em caso de demissão ou exoneração, o psicólogo deverá repassar todo o material para seu substituto.

§ 2º – Na impossibilidade de fazê-lo, o material deverá ser lacrado na presença de um representante do CRP, para somente vir a ser utilizado pelo psicólogo substituto, quando então será rompido o lacre, também na presença de um representante do CRP.

§ 3º – Em caso de extinção do serviço psicológico, os arquivos serão incinerados pelo profissional responsável até aquela data por este serviço, na presença de um representante do CRP.

Das relações com outros profissionais ou psicólogos

Art. 7º – O psicólogo terá para com os seus colegas respeito, consideração e solidariedade, que fortaleçam o bom conceito da categoria.

Art. 8º – O psicólogo, quando solicitado por outro, deverá colaborar com este, salvo impossibilidade decorrente de motivo relevante.

Art. 9º – O psicólogo, em função do espírito de solidariedade, não será conivente com erros, faltas éticas, crimes ou contravenções penais praticados por outros na prestação de serviços profissionais.

Art. 10 – A crítica a outro psicólogo será sempre objetiva, construtiva, comprovável e de inteira responsabilidade de seu autor.

Art. 11 – O psicólogo não deverá intervir na prestação de serviços psicológicos que estejam sendo efetuados por outro profissional, salvo nas seguintes situações:

  a. a pedido deste profissional;

  b. em caso de urgência, quando dará imediata ciência ao profissional;

  c. quando informado por qualquer das partes da interrupção voluntária e definitiva do atendimento;

  d. quando se tratar de trabalho multiprofissional e a intervenção fizer parte da metodologia adotada.

Art. 12 – O psicólogo procurará no relacionamento com outros profissionais:

  a. trabalhar dentro dos limites das atividades que lhe são reservadas pela legislação;

  b. reconhecer os casos pertencentes aos demais campos de especialização profissional, encaminhando-os às pessoas habilitadas e qualificadas para sua solução.

Art. 13 – O psicólogo, perante os outros profissionais em seu relacionamento com eles, empenhar-se-á em manter os conceitos e padrões de sua profissão.

Art. 14 – O psicólogo, atuando em equipe multiprofissional, resguardará o caráter confidencial de suas comunicações, assinalando a responsabilidade de quem as recebe de preservar o sigilo.

Das relações com a categoria

Art. 15 – O psicólogo prestigiará as associações profissionais e científicas que tenham por finalidade:

a. defender a dignidade e os direitos profissionais;

b. difundir e aprimorar a Psicologia, como ciência e como profissão;

c. harmonizar e unir sua categoria profissional;

d. defender os direitos trabalhistas.

Art. 16 – O psicólogo poderá participar de greves ou paralisações, desde que:

a. não sejam interrompidos os atendimentos de urgência;

b. haja prévia comunicação da paralisação às pessoas em atendimento.

Das relações com a justiça

Art. 17 – O psicólogo colocará o seu conhecimento à disposição da justiça, no sentido de promover e aprofundar uma maior compreensão entre a Lei e o agir humano, entre a liberdade e as instituições judiciais.

Art. 18 – O psicólogo escusar-se-á de funcionar em perícia que escape à sua competência profissional.

Art. 19 – Nas perícias o psicólogo agirá com absoluta isenção, limitando-se à exposição do que tiver conhecimento através do seu trabalho e não ultrapassando, nos laudos, o limite das informações necessárias à tomada de decisão.

Art. 20 – É vedado ao psicólogo:

    a. ser perito de pessoa por ele atendida ou em atendimento;

    b. funcionar em perícia em que, por motivo de impedimento ou suspeição, ele contrarie a legislação pertinente;

    c. valer-se do cargo que exerce, de laços de parentesco ou amizade com autoridade administrativa ou judiciária para pleitear ser nomeado perito.

Do sigilo profissional

Art. 21 – O sigilo protegerá o atendimento em tudo aquilo que o psicólogo ouve, vê ou de que tem conhecimento como decorrência do exercício da atividade profissional.

Art. 22 – Somente o examinando poderá ser informado dos resultados dos exames, salvo os casos previstos neste Código.

Art. 23 – Se o atendimento for realizado por psicólogo vinculado a trabalho multiprofissional numa clínica, empresa, instituição ou a pedido de outrem, só poderão ser dadas informações a quem as solicitou, a critério do profissional, dentro dos limites estritamente necessários aos fins a que se destinou o exame.

    § 1º – Nos casos de perícia, o psicólogo tomará todas as precauções, a fim de que só venha a relatar o que seja devido e necessário ao esclarecimento do caso.

§ 2º – O psicólogo, quando solicitado pelo examinando, está obrigado a fornecer a este as informações que foram encaminhadas ao solicitante e a orientá-lo em função dos resultados obtidos.

Art. 24 – O psicólogo não remeterá informações confidenciais a pessoas ou entidades que não estejam obrigadas ao sigilo por Código de Ética ou que, por qualquer forma, permitam a estranhos o acesso a essas informações.

Art. 25 – A utilização dos meios eletrônicos de registro audiovisual obedecerá às normas deste Código, devendo o atendido, pessoa ou grupo, desde o início, ser informado de sua utilização e forma de arquivamento das informações obtidas.

Art. 26 – O sigilo profissional protegerá o menor impúbere ou interdito, devendo ser comunicado aos responsáveis o estritamente necessário para promover medidas em seu benefício.

Art. 27 – A quebra do sigilo só será admissível quando se tratar de fato delituoso e a gravidade de suas consequências para o próprio atendido ou para terceiros puder criar para o psicólogo o imperativo de consciência de denunciar o fato.

Art. 28 – Em caso de falecimento do psicólogo, o Conselho Regional, ao tomar conhecimento do fato, providenciará a destinação dos seus arquivos confidenciais.

Art. 29 – Na remessa de laudos ou informes a outros profissionais, o psicólogo assinalará o caráter confidencial do documento e a responsabilidade de quem o receber de preservar o sigilo.

Das comunicações científicas e da divulgação ao público

Art. 30 – Ao psicólogo, na realização de seus estudos e pesquisas, bem como no ensino e treinamento, é vedado:

    a. desrespeitar a dignidade e a liberdade de pessoas ou grupos envolvidos em seus trabalhos;

    b. promover atividades que envolvam qualquer espécie de risco ou prejuízo a seres humanos ou sofrimentos desnecessários para animais;

    c. subordinar investigações a sectarismo que vicie o curso da pesquisa ou seus resultados;

    d. conduzir pesquisas que interfiram na vida dos sujeitos, sem que estes tenham dado seu livre consentimento para delas participar e sem que tenham sido informados de possíveis riscos a elas inerentes.

Parágrafo único – Fica resguardado às pessoas envolvidas o direito de ter acesso aos resultados das pesquisas ou estudos, após o seu encerramento, sempre que assim o desejarem.

Art. 31 – Na divulgação e publicação de trabalhos, o psicólogo deverá:

    a. citar as fontes consultadas;

    b. ater-se aos dados obtidos e neles basear suas conclusões;

    c. mencionar as contribuições de caráter profissional prestadas por assistentes, colaboradores ou por outros autores;

    d. obter autorização expressa do autor e a ele fazer referência, quando utilizar fontes particulares ainda não publicadas;

e. resguardar o padrão e o nível da ciência e sua profissão.

Art. 32 – Em todas as comunicações científicas ou divulgação para o público de resultados de pesquisas, relatos ou estudos de caso, o psicólogo omitirá e/ou alterará quaisquer dados que possam conduzir à identificação da pessoa ou instituição envolvida, salvo interesse manifesto destas.

Art. 33 – A divulgação de trabalhos realizados por psicólogos será feita sem sectarismos de qualquer espécie.

Art. 34 – Na divulgação por qualquer meio de comunicação social, o psicólogo não utilizará em proveito próprio o nome ou depoimento de pessoas ou instituições envolvidas.

Art. 35 – O psicólogo não divulgará, ensinará, cederá, dará, emprestará ou venderá a leigos instrumentos e técnicas psicológicas que permitam ou facilitem o exercício ilegal da profissão.

Da publicidade profissional

Art. 36 – O psicólogo utilizará os meios de comunicação no sentido de tornar conhecidos do grande público os recursos e conhecimentos técnico-científicos da psicologia.

Art. 37 – O psicólogo, ao promover publicamente seus serviços, informará com exatidão seu número de registro, suas habilitações e qualificações, limitando-se a estas.

Art. 38 – É vedado ao psicólogo:

a. utilizar o preço do serviço como forma de propaganda;

b. participar como psicólogo de quaisquer atividades, através dos meios de comunicação, em função unicamente de autopromoção;

c. fazer previsão taxativa de resultados;

d. propor atividades e recursos relativos a técnicas psicológicas que não estejam reconhecidas pela prática profissional;

e. propor atividades não previstas na legislação profissional como função do psicólogo;

f. fazer propostas de honorários que caracterizem concorrência desleal;

g. fazer autopromoção em detrimento de outros profissionais da área;

h. propor atividades que impliquem a invasão ou desrespeito a outras áreas profissionais;

i. divulgar serviços de forma inadequada, quer pelo meio utilizado, quer pelos conteúdos falsos, sensacionalistas, ou que firam os sentimentos da população.

Parágrafo único – O disposto no presente artigo é aplicável a toda forma de publicidade realizada por psicólogo, individual ou coletivamente.

Dos honorários profissionais

Art. 39 – Os honorários serão fixados com dignidade e com o devido cuidado, a fim de que representem justa retribuição aos serviços prestados pelo psicólogo, o qual buscará adequá-los às condições do atendido, tornando a profissão reconhecida pela confiança e pela aprovação da sociedade.

Art. 40 – Os honorários serão planejados de acordo com as características da atividade e serão comunicados à pessoa ou instituição antes do início do trabalho a ser realizado.

Da observância, aplicação e cumprimento do Código de Ética

Art. 41 – O Conselho Federal e os Conselhos Regionais de Psicologia manterão Comissão de ética para assessorá-los na aplicação deste Código e no zelo de sua observância.

Art. 42 – As infrações a este Código de Ética Profissional acarretarão penalidades várias, desde a advertência até a cassação da inscrição profissional, na forma dos dispositivos legais e/ou regimentais.

Art. 43 – Caberá aos psicólogos denunciar aos seus Conselhos Regionais qualquer pessoa que esteja exercendo a profissão sem a respectiva inscrição, ou infringindo a legislação própria.

Art. 44 – As dúvidas na observância deste Código e os casos omissos serão resolvidos pelos Conselhos Regionais de Psicologia, *ad referendum* do Conselho Federal.

Art. 45 – Competirá ao Conselho Federal de Psicologia firmar jurisprudência quanto aos casos omissos e fazê-la incorporar a este Código.

Art. 46 – Caberá aos psicólogos docentes e supervisores esclarecer, informar, orientar e exigir dos estudantes observância dos princípios e normas contidas neste Código.

Art. 47 – É dever de todo psicólogo conhecer, cumprir e fazer cumprir este Código.

Art. 48 – O presente Código poderá ser alterado pelo Conselho Federal de Psicologia, por iniciativa própria ou da categoria, ouvidos os Conselhos Regionais.

Art. 49 – O presente Código deverá ser o instrumento de identificação da categoria e representar um roteiro de buscas, tendo em vista a transitoriedade das normas nele contidas.

Art. 50 – Este Código entra em vigor na data de sua publicação.

Anexo 4
Definição das especialidades a serem concedidas pelo Conselho Federal de Psicologia, para efeito de concessão e registro do título profissional de especialista em psicologia (Anexo da Resolução CFP 013/2007).

Psicólogo especialista em psicologia escolar/educacional

Atua no âmbito da educação formal realizando pesquisas, diagnóstico e intervenção preventiva ou corretiva em grupo e individualmente. Envolve, em sua análise e intervenção, todos os segmentos do sistema educacional que participam do processo de ensino-aprendizagem. Nessa tarefa, considera as características do corpo docente, do currículo, das normas da instituição, do material didático, do corpo discente e demais elementos do sistema. Em conjunto com a equipe, colabora com o corpo docente e técnico na elaboração, implantação, avaliação e reformulação de currículos, de projetos pedagógicos, de políticas educacionais e no desenvolvimento de novos procedimentos educacionais. No âmbito administrativo, contribui na análise e intervenção no clima educacional, buscando melhor funcionamento do sistema que resultará na realização dos objetivos educacionais. Participa de programas de orientação profissional com a finalidade de contribuir no processo de escolha da profissão e em questões referentes à adaptação do indivíduo ao trabalho. Analisa as características do indivíduo portador de necessidades especiais para orientar a aplicação de programas especiais de ensino. Realiza seu trabalho em equipe interdisciplinar, integrando seus conhecimentos àqueles dos demais profissionais da educação. Para isso realiza tarefas como, por exemplo: a) aplicar conhecimentos psicológicos na escola, concernentes ao processo ensino-aprendizagem, em análises e intervenções psicopedagógicas; referentes ao desenvolvimento humano, às relações interpessoais e à integração família-comunidade-escola, para promover o desenvolvimento integral do ser; b) analisar as relações entre os diversos segmentos do sistema de ensino e sua repercussão no processo de ensino para auxiliar na elaboração de procedimentos educacionais capazes de atender às necessidades individuais; c) prestar serviços diretos e indiretos aos agentes educacionais, como profissional autônomo, orientando programas de apoio administrativo e educacional; d) desenvolver estudos e analisar as relações homem-ambiente físico, material, social e cultural quanto ao processo ensino-aprendizagem e produtividade educacional; e) desenvolver programas visando a qualidade de vida e cuidados indispensáveis às atividades acadêmicas; f) implementar programas para desenvolver habilidades básicas para aquisição de conhecimento e o desenvolvimento humano; g) validar e utilizar instrumentos e testes psicológicos adequados e fidedignos para fornecer subsídios para o replanejamento e formulação do plano escolar, ajustes e orientações à equipe escolar e avaliação da eficiência dos programas educacionais; h) pesquisar dados sobre a realidade da escola em seus múltiplos aspectos, visando desenvolver o conhecimento científico.

Psicólogo especialista em psicologia organizacional e do trabalho

Atua em atividades relacionadas a análise e desenvolvimento organizacional, ação humana nas organizações, desenvolvimento de equipes, consultoria organizacional, seleção, acompanhamento e desenvolvimento de pessoal, estudo e planejamento de condições de trabalho, estudo e intervenção dirigidos à saúde do trabalhador. Desenvolve, analisa, diagnostica e orienta casos na área da saúde do trabalhador, observando níveis de prevenção, reabilitação e promoção de saúde. Participa de programas e/ou atividades na área da saúde e segurança de trabalho, subsidiando-os quanto a aspectos psicossociais para proporcionar melhores condições ao trabalhador. Atua como consultor interno/externo, participando do desenvolvimento das organizações sociais, para facilitar processos de grupo e de intervenção psicossocial nos diferentes níveis hierárquicos de organizações. Planeja e desenvolve ações destinadas a equacionar as relações de trabalho, o sentido de maior produtividade e da realização pessoal dos indivíduos e grupos inseridos nas organizações, estimulando a criatividade, para buscar melhor qualidade de vida no trabalho. Participa do processo de desligamento de funcionários de organizações, em processos de demissões e na preparação para aposentadorias, a fim de colaborar com os indivíduos na elaboração de novos projetos de vida. Elabora, executa e avalia, em equipe multiprofissional, programas de desenvolvimento de recursos humanos. Participa dos serviços técnicos da empresa, colaborando em projetos de construção e adaptação dos instrumentos e equipamentos de trabalho ao homem, bem como de outras iniciativas relacionadas à ergonomia. Realiza pesquisas e ações relacionadas à saúde do trabalhador e suas condições de trabalho. Participa da elaboração, implementação e acompanhamento das políticas de recursos humanos. Elabora programas de melhoria de desempenho, aproveitando o potencial e considerando os aspectos motivacionais relacionados ao trabalho. Atua na relação capital/trabalho no sentido de equacionar e dar encaminhamento a conflitos organizacionais. Desempenha atividades relacionadas ao recrutamento, seleção, orientação e treinamento, análise de ocupações e profissiográficas e no acompanhamento de avaliação de desempenho de pessoal, atuando em equipes multiprofissionais. Utiliza métodos e técnicas da psicologia aplicada ao trabalho, como entrevistas, testes, provas, dinâmicas de grupo etc. para subsidiar as decisões na área de recursos humanos como: promoção, movimentação de pessoal, incentivo, remuneração de carreira, capacitação e integração funcional e promover, em consequência, a autorrealização no trabalho.

Psicólogo especialista em psicologia de trânsito

Procede ao estudo no campo dos processos psicológicos, psicossociais e psicofísicos relacionados aos problemas de trânsito; realiza diagnóstico da estrutura dinâmica dos indivíduos e grupos nos aspectos afetivos, cognitivos e comportamentais; colabora na elaboração e implantação de ações de engenharia e operação de tráfego; desenvolve ações socioeducativas com pedestres, ciclistas, condutores infratores e outros usuários da via; desenvolve ações educativas com: diretores e instrutores dos Centros de Formação de Condutores, examinadores de trânsito e professores dos diferentes níveis de ensino; realiza pesquisas científicas no campo dos processos psicológicos, psicossociais e psicofísicos, para elaboração e implantação de programas de saúde, educação e segurança do trânsito; realiza avaliação psicológica em condutores e candidatos à carteira de habilitação; participa de equipes multiprofissionais no planejamento e realização das políticas de segurança para o trânsito; analisa os acidentes de trânsito, considerando os diferentes fatores envolvidos para sugerir formas de evitar e/ou atenuar as suas incidências; elabora laudos, pareceres psicológicos, relatórios técnicos e científicos; desenvolve estudos sobre o fator humano para favorecer a elaboração e aplicação de medidas de segurança; elabora e aplica técnicas de mensuração das aptidões, habilidades e capacidades psicológicas dos condutores e candidatos à habilitação, atuando em equipes multiprofissionais, para aplicar os métodos psicotécnicos de diagnóstico; dialoga com os profissionais da área médica e da educação (instrutores/professores/examinadores) por meio de estudos de caso de candidatos à Carteira Nacional de Habilitação; desenvolve estudos de campo e em laboratório, do comportamento individual e coletivo em diferentes situações no trânsito para sugerir medidas preventivas; estuda os efeitos psicológicos do uso de drogas e outras substâncias químicas na situação de trânsito; presta assessoria e consultoria a órgãos públicos e privados nas questões relacionadas ao trânsito e transporte; e atua como perito em exames de habilitação, reabilitação ou readaptação profissional.

Psicólogo especialista em psicologia jurídica

Atua no âmbito da justiça, colaborando no planejamento e execução de políticas de cidadania, direitos humanos e prevenção da violência, centrando sua atuação na orientação do dado psicológico repassado não só para os juristas como também aos indivíduos que carecem de tal intervenção, para possibilitar a avaliação das características de personalidade e fornecer subsídios ao processo judicial, além de contribuir para a formulação, revisão e interpretação das leis. Avalia as condições intelectuais e emocionais de crianças, adolescentes e adultos em conexão com processos jurídicos, seja por deficiência mental e insanidade, testamentos contestados, aceitação em lares adotivos, posse e guarda de crianças, aplicando métodos e técnicas psicológicas e/ou de psicometria, para determinar a responsabilidade legal por atos criminosos; atua como perito judicial nas varas cíveis, criminais, Justiça do Trabalho, da família, da criança e do adolescente, elaborando laudos, pareceres e perícias, para serem anexados aos processos, a fim de realizar atendimento e orientação a crianças, adolescentes, detentos e seus familiares; orienta a administração e os colegiados do sistema penitenciário sob o ponto de vista psicológico, usando métodos e técnicas adequados, para estabelecer tarefas educativas e profissionais que os internos possam exercer nos estabelecimentos penais; realiza atendimento psicológico a indivíduos que buscam a Vara de Família, fazendo diagnósticos e usando terapêuticas próprias, para organizar e resolver questões levantadas; participa de audiência, prestando informações, para esclarecer aspectos técnicos em psicologia a leigos ou leitores do trabalho pericial psicológico; atua em pesquisas e programas socioeducativos e de prevenção à violência, construindo ou adaptando instrumentos de investigação psicológica, para atender às necessidades de crianças e adolescentes em situação de risco, abandonados ou infratores; elabora petições sempre que solicitar alguma providência ou haja necessidade de comunicar-se com o juiz durante a execução de perícias, para serem juntadas aos processos; realiza avaliação das características das personalidades, através de triagem psicológica, avaliação de periculosidade e outros exames psicológicos no sistema penitenciário, para os casos de pedidos de benefícios, tais como transferência para estabelecimento semiaberto, livramento condicional e/ou outros semelhantes. Assessora a administração penal na formulação de políticas penais e no treinamento de pessoal para aplicá-las. Realiza pesquisa visando à construção e ampliação do conhecimento psicológico aplicado ao campo do direito. Realiza orientação psicológica a casais antes da entrada nupcial da petição, assim como das audiências de conciliação. Realiza atendimento a crianças envolvidas em situações que chegam às instituições de direito, visando à preservação de sua saúde mental. Auxilia juizados na avaliação e assistência psicológica de menores e seus familiares, bem como assessorá-los no encaminhamento a terapia psicológica quando necessário. Presta atendimento e orientação a detentos e seus familiares visando à preservação da saúde. Acompanha detentos em liberdade condicional, na internação em hospital penitenciário, bem como atua no apoio psicológico à sua família. Desenvolve estudos e pesquisas na área criminal, constituindo ou adaptando os instrumentos de investigação psicológica.

Psicólogo especialista em psicologia do esporte

A atuação do psicólogo do esporte está voltada tanto para o esporte de alto rendimento, ajudando atletas, técnicos e comissões técnicas a fazerem uso de princípios psicológicos para alcançar um nível ótimo de saúde mental, maximizar rendimento e otimizar a performance, quanto para a identificação de princípios e padrões de comportamentos de adultos e crianças participantes de atividades físicas. Estuda, identifica e compreende teorias e técnicas psicológicas que podem ser aplicadas ao contexto do esporte e do exercício físico, tanto em nível individual – o atleta ou indivíduo praticante – como grupal – equipes esportivas ou de praticantes de atividade física. Sua atuação é tanto diagnóstica, desenvolvendo e aplicando instrumentos para determinação de perfil individual e coletivo, capacidade motora e cognitiva voltada para a prática esportiva, quanto interventiva atuando diretamente na transformação de padrões de comportamento que interferem na prática da atividade física regular e/ou competitiva. Realiza estudos e pesquisas individualmente ou em equipe multidisciplinar, observando o contexto da atividade esportiva competitiva e não competitiva, a fim de conhecer elementos do comportamento do atleta, comissão técnica, dirigentes e torcidas; realiza atendimentos individuais ou em grupo, empregando técnicas psicoterápicas adequadas à situação, com o intuito de preparar o desempenho da atividade do ponto de vista psicológico; elabora e participa de programas e estudos de atividades esportivas educacionais, de lazer e de reabilitação, orientando a efetivação do esporte não competitivo de caráter profilático e recreacional, para conseguir o bem-estar e qualidade de vida dos indivíduos; desenvolve ações para a melhoria planejada e sistemática das capacidades psíquicas individuais voltadas para otimizar o rendimento de atletas de alto rendimento, bem como de comissões técnicas e dirigentes; participa, em equipe multidisciplinar, da preparação de estratégias de trabalho objetivando o aperfeiçoamento e ajustamento do praticante aos objetivos propostos, procedendo ao exame de suas características psicológicas; participa, juntamente com a equipe multidisciplinar, da observação e acompanhamento de atletas e equipes esportivas, visando o estudo das variáveis psicológicas que interferem no desempenho de suas atividades específicas como treinos e competições. Orienta pais ou responsáveis nas questões que se referem a escolha da modalidade esportiva e a consequente participação em treinos e competições, bem como o desenvolvimento de uma carreira profissional, e as implicações dessa escolha no ciclo de desenvolvimento da criança. Colabora para a compreensão e transformação das relações de educadores e técnicos com os alunos e atletas no processo de ensino e aprendizagem, e nas relações inter e intrapessoais que ocorrem nos ambientes esportivos. Colabora para a adesão e participação aos programas de atividades físicas da população em geral ou portadora de necessidades especiais.

Psicólogo especialista em psicologia clínica

Atua na área específica da saúde, em diferentes contextos, através de intervenções que visam reduzir o sofrimento do homem, levando em conta a complexidade do humano e sua subjetividade. Estas intervenções tanto podem ocorrer em nível individual, grupal, social ou institucional e implicam uma variada gama de dispositivos clínicos já consagrados ou a serem desenvolvidos, tanto em perspectiva preventiva, como de diagnóstico ou curativa. Sua atuação busca contribuir para a promoção de mudanças e transformações visando o benefício de sujeitos, grupos, situações, bem como a prevenção de dificuldades. Atua no estudo, diagnóstico e prognóstico em situações de crise, em problemas do desenvolvimento ou em quadros psicopatológicos, utilizando, para tal, procedimentos de diagnóstico psicológico tais como: entrevista, utilização de técnicas de avaliação psicológica e outros. Desenvolve trabalho de orientação, contribuindo para reflexão sobre formas de enfrentamento das questões em jogo. Desenvolve atendimentos terapêuticos, em diversas modalidades, tais como psicoterapia individual, de casal, familiar ou em grupo, psicoterapia lúdica, terapia psicomotora, arteterapia, orientação de pais e outros. Atua junto a equipes multiprofissionais, identificando, compreendendo e atuando sobre fatores emocionais que intervêm na saúde geral do indivíduo, especialmente em unidades básicas de saúde, ambulatórios e hospitais. Atua em contextos hospitalares, na preparação de pacientes para a entrada, permanência e alta hospitalar, inclusive pacientes terminais, participando de decisões com relação à conduta a ser adotada pela equipe, para oferecer maior apoio, equilíbrio e proteção aos pacientes e seus familiares. Participa de instituições específicas de saúde mental, como hospitais-dia, unidades psiquiátricas e outros, podendo intervir em quadros psicopatológicos tanto individual como grupalmente, auxiliando no diagnóstico e no esquema terapêutico proposto em equipe. Atende a gestante, no acompanhamento ao processo de gravidez, parto e puerpério, contribuindo para que a mesma possa integrar suas vivências emocionais e corporais. Atua junto aos indivíduos ou grupos na prevenção, orientação e tratamento de questões relacionadas a fases de desenvolvimento, tais como adolescência, envelhecimento e outros. Participa de programas de atenção primária e centros e postos de saúde na comunidade, organizando grupos específicos na prevenção de doenças ou no desenvolvimento de formas de lidar com problemas específicos já instalados, procurando evitar seu agravamento em contribuir ao bem-estar psicológico. Acompanha programas de pesquisa, treinamento e desenvolvimento de políticas de saúde mental, participando de sua elaboração, coordenação, implementação e supervisão, para garantir a qualidade da atenção à saúde mental em nível de macro e microssistema.

Psicólogo especialista em psicologia hospitalar

Atua em instituições de saúde, participando da prestação de serviços de nível secundário ou terciário da atenção à saúde. Atua também em instituições de ensino superior e/ou centros de estudo e de pesquisa, visando o aperfeiçoamento ou a especialização de profissionais em sua área de competência, ou a complementação da formação de outros profissionais de saúde de nível médio ou superior, incluindo pós--graduação *lato* e *stricto sensu*. Atende a pacientes, familiares e/ou responsáveis pelo paciente; membros da comunidade dentro de sua área de atuação; membros da equipe multiprofissional e eventualmente administrativa, visando o bem-estar físico e emocional do paciente; e alunos e pesquisadores, quando estes estejam atuando em pesquisa e assistência. Oferece e desenvolve atividades em diferentes níveis de tratamento, tendo como sua principal tarefa a avaliação e acompanhamento de intercorrências psíquicas dos pacientes que estão ou serão submetidos a procedimentos médicos, visando basicamente a promoção e/ou a recuperação da saúde física e mental. Promove intervenções direcionadas à relação médico/paciente, paciente/família, e paciente/paciente e do paciente em relação ao processo do adoecer, hospitalização e repercussões emocionais que emergem neste processo. O acompanhamento pode ser dirigido a pacientes em atendimento clínico ou cirúrgico, nas diferentes especialidades médicas. Podem ser desenvolvidas diferentes modalidades de intervenção, dependendo da demanda e da formação do profissional específico; dentre elas ressaltam-se: atendimento psicoterapêutico; grupos psicoterapêuticos; grupos de psicoprofilaxia; atendimentos em ambulatório e Unidade de Terapia Intensiva; pronto atendimento; enfermarias em geral; psicomotricidade no contexto hospitalar; avaliação diagnóstica; psicodiagnóstico; consultoria e interconsultoria. No trabalho com a equipe multidisciplinar, preferencialmente interdisciplinar, participa de decisões em relação à conduta a ser adotada pela equipe, objetivando promover apoio e segurança ao paciente e família, aportando informações pertinentes à sua área de atuação, bem como na forma de grupo de reflexão, no qual o suporte e manejo estão voltados para possíveis dificuldades operacionais e/ou subjetivas dos membros da equipe.

Psicólogo especialista em psicopedagogia

Atua na investigação e intervenção nos processos de aprendizagem de habilidades e conteúdos acadêmicos. Busca a compreensão dos processos cognitivos, emocionais e motivacionais, integrados e contextualizados na dimensão social e cultural onde ocorrem. Trabalha para articular o significado dos conteúdos veiculados no processo de ensino, com o sujeito que aprende na sua singularidade e na sua inserção no mundo cultural e social concreto. Na relação com o aluno, o profissional estabelece uma investigação que permite levantar uma série de hipóteses indicadoras das estratégias capazes de criar a intervenção que facilite uma vinculação satisfatória ou mais adequada para a aprendizagem. Ao lado desse aspecto, o profissional também trabalha a postura, a disponibilidade e a relação com a aprendizagem, a fim de que o aluno torne-se o agente de seu processo, aproprie-se do seu saber, alcançando autonomia e independência para construir seu conhecimento e exercitar-se na tarefa de uma correta autovalorização. Na escola, o profissional trabalha contribuindo com uma visão mais integrada da aprendizagem, possibilitando a recondução e integração do aluno na dinâmica escolar facilitadora de seu desenvolvimento. Contribui na detecção de problemas de aprendizagem do aluno, atendendo-o em suas necessidades e permitindo sua permanência no ensino regular. Nesse sentido sua intervenção possibilita a redução significativa dos índices de fracasso escolar. Atua utilizando instrumental especializado, sistema específico de avaliação e estratégias, capazes de atender o aluno e sua individualidade, auxiliando em sua produção escolar e para além dela, colocando-os em contato com suas reações, diante da tarefa e dos vínculos com o objeto do conhecimento. Dessa forma, resgata, positivamente, o ato de aprender. O psicólogo especialista em psicopedagogia, nesse processo, promove: o levantamento, a compreensão e análise das práticas escolares e suas relações com a aprendizagem; o apoio psicopedagógico a todos os trabalhos realizados no espaço da escola; a ressignificação da unidade ensino/aprendizagem, a partir das relações que o sujeito estabelece entre o objeto de conhecimento e suas possibilidades de conhecer, observar e refletir, a partir das informações que já possui; a prevenção de fracassos na aprendizagem e a melhoria da qualidade do desempenho escolar. Esse trabalho pode ser desenvolvido em diferentes níveis, propiciando aos educadores conhecimentos para: a reconstrução de seus próprios modelos de aprendizagem, de modo que, ao se perceberem também como "aprendizes", revejam seus modelos de ensinantes; a identificação das diferentes etapas do desenvolvimento evolutivo dos alunos e compreensão de sua relação com a aprendizagem; o diagnóstico do que é possível ser melhorado no próprio ambiente escolar e do que precisa ser encaminhado para profissionais fora da escola; a percepção de como se processou a evolução dos conhecimentos na história da humanidade, para compreender melhor o processo de construção de conhecimentos dos alunos; as intervenções para a melhoria da qualidade do ambiente escolar; a compreensão da competência técnica e do compromisso político presentes em todas as dimensões do sujeito. A partir da eficiência constatada na prática profissional, o psicólogo estrutura um corpo de conhecimentos e um vasto campo de interligação e produção de conhecimento sobre os fenômenos envolvidos no processo de aprendizagem humana.

Psicólogo especialista em psicomotricidade

Atua nas áreas de Educação, Reeducação e Terapia Psicomotora, utilizando-se de recursos para o desenvolvimento, prevenção e reabilitação do ser humano. Participa de planejamento, elaboração, programação, implementação, direção, coordenação, análise, organização, supervisão, avaliação de atividades clínicas e parecer psicomotor em clínicas de reabilitação, nos serviços de assistência escolar, escolas especiais, hospitais associações e cooperativas; presta auditoria, consultoria, assessoria; dá assistência e tratamento especializado, visando a preparação para atividades esportivas, escolares e clínicas. Elabora informes técnico-científicos, gerenciamento de projetos de desenvolvimento de produtos e serviços, assistência e educação psicomotora a indivíduos ou coletividades, em instituições públicas ou privadas, estudos e pesquisas mercadológicas, estudos, trabalhos e pesquisas experimentais e dá parecer técnico-científico, desde que relacionadas com as áreas de clínica, educação e saúde em psicomotricidade. Por meio da participação em equipes multidisciplinares, criadas por entidades públicas ou privadas, planeja, coordena, supervisiona, implementa, executa e avalia programas, cursos nos diversos níveis, pesquisas ou eventos de qualquer natureza, direta ou indiretamente relacionadas com atividades psicomotoras, que envolvam os aspectos psíquicos, afetivos, relacionais, cognitivos, mentais, junto a atividade corporal. Atua em projetos pedagógicos das escolas, concentrando sua ação na orientação dos profissionais da instituição, mostrando a importância dos aspectos do desenvolvimento psicomotor na evolução do desenvolvimento infantil. Atua no campo profilático (educativo e preventivo) nas creches, escolas, escolas especiais e vem possibilitar ao sujeito um desenvolvimento integrado às interfaces dos aspectos afetivo, cognitivo e social, pela via da ação e da atividade lúdica, que constituem os alicerces do acesso ao pensamento. Este processo pode se dar individualmente ou em grupo através das técnicas psicomotoras. Atua junto a crianças em fase de desenvolvimento: bebês de alto risco, crianças com dificuldades/atrasos no desenvolvimento global; crianças portadoras de necessidades especiais (deficiências sensoriais, perceptivas, motoras, mentais e relacionais) em consequência de lesões. Atua junto a adultos portadores de deficiências sensoriais, perceptivas, motoras, mentais e relacionais. Atua junto à família na orientação de atividades para estimular o desenvolvimento neuropsicomotor do paciente e na verificação das dificuldades que possam estar surgindo durante o processo terapêutico, utilizando-se de técnicas específicas da psicomotricidade. Atua no atendimento à 3ª idade. Atua junto a escolas e empresas, no diagnóstico das situações-problema vivenciadas na organização, objetivando a conscientização da importância do relacionamento humano, através de técnicas psicomotoras que buscam o respeito do limite, da autonomia e do ritmo de cada indivíduo.

Psicólogo especialista em psicologia social

Atua fundamentada na compreensão da dimensão subjetiva dos fenômenos sociais e coletivos, sob diferentes enfoques teóricos e metodológicos, com o objetivo de problematizar e propor ações no âmbito social. O psicólogo, nesse campo, desenvolve atividades em diferentes espaços institucionais e comunitários, no âmbito da saúde, educação, trabalho, lazer, meio ambiente, comunicação social, justiça, segurança e assistência social. Seu trabalho envolve proposições de políticas e ações relacionadas à comunidade em geral e aos movimentos sociais de grupos e ações relacionadas à comunidade em geral e aos movimentos sociais de grupos étnico-raciais, religiosos, de gênero, geracionais, de orientação sexual, de classes sociais e de outros segmentos socioculturais, com vistas à realização de projetos da área social e/ou definição de políticas públicas. Realiza estudo, pesquisa e supervisão sobre temas pertinentes à relação do indivíduo com a sociedade, com o intuito de promover a problematização e a construção de proposições que qualifiquem o trabalho e a formação no campo da Psicologia Social.

Psicólogo especialista em neuropsicologia

Atua no diagnóstico, no acompanhamento, no tratamento e na pesquisa da cognição, das emoções, da personalidade e do comportamento sob o enfoque da relação entre estes aspectos e o funcionamento cerebral. Utiliza-se para isso de conhecimentos teóricos angariados pelas neurociências e pela prática clínica, com metodologia estabelecida experimental ou clinicamente. Utiliza instrumentos especificamente padronizados para avaliação das funções neuropsicológicas envolvendo principalmente habilidades de atenção, percepção, linguagem, raciocínio, abstração, memória, aprendizagem, habilidades acadêmicas, processamento da informação, visuoconstrução, afeto, funções motoras e executivas. Estabelece parâmetros para emissão de laudos com fins clínicos, jurídicos ou de perícia; complementa o diagnóstico na área do desenvolvimento e aprendizagem. O objetivo teórico da neuropsicologia e da reabilitação neuropsicológica é ampliar os modelos já conhecidos e criar novas hipóteses sobre as interações cérebro-comportamentais. Trabalha com indivíduos portadores ou não de transtornos e sequelas que envolvem o cérebro e a cognição, utilizando modelos de pesquisa clínica e experimental, tanto no âmbito do funcionamento normal ou patológico da cognição como também estudando-a em interação com outras áreas das neurociências, da medicina e da saúde. Os objetivos práticos são levantar dados clínicos que permitam diagnosticar e estabelecer tipos de intervenção, de reabilitação particular e específica para indivíduos e grupos de pacientes em condições nas quais: a) ocorreram prejuízos ou modificações cognitivas ou comportamentais devido a eventos que atingiram primária ou secundariamente o sistema nervoso central; b) o potencial adaptativo não é suficiente para o manejo da vida prática, acadêmica, profissional, familiar ou social; ou c) foram geradas ou associadas a problemas bioquímicos ou elétricos do cérebro, decorrendo disto modificações ou prejuízos cognitivos, comportamentais ou afetivos. Além do diagnóstico, a Neuropsicologia e sua área interligada de Reabilitação Neuropsicológica visam realizar as intervenções necessárias junto ao paciente, para que possam melhorar, compensar, contornar ou adaptar-se às dificuldades; junto aos familiares, para que atuem como coparticipantes do processo reabilitativo; junto a equipes multiprofissionais e instituições acadêmicas e profissionais, promovendo a cooperação na inserção ou reinserção de tais indivíduos na comunidade quando possível, ou ainda, na adaptação individual e familiar quando as mudanças nas capacidades do paciente forem mais permanentes ou a longo prazo. Ainda no plano prático, fornece dados objetivos e formula hipóteses sobre o funcionamento cognitivo, atuando como auxiliar na tomada de decisões de profissionais de outras áreas, fornecendo dados que contribuam para as escolhas de tratamento medicamentoso e cirúrgico, excetuando-se as psicocirurgias, assim como em processos jurídicos nos quais estejam em questão o desempenho intelectual de indivíduos, a capacidade de julgamento e de memória. Na interface entre o trabalho teórico e prático, seja no diagnóstico ou na reabilitação, também desenvolve e cria materiais e instrumentos, tais como testes, jogos, livros e programas de computador que auxiliem na avaliação e reabilitação dos pacientes. Desenvolve atividades em diferentes espaços: a) instituições acadêmicas, realizando pesquisa, ensino e supervisão; b) instituições hospitalares, forenses, clínicas, consultórios privados e atendimentos domiciliares, realizando diagnóstico, reabilitação, orientação à família e trabalho em equipe multidisciplinar.

Referências bibliográficas

BRASIL. Decreto 53.464 de 21/01/1964 – Regulamentação da profissão.

BRASIL. Lei 4.119 de 27/08/1962 – Regulamentação da profissão.

_____. Lei 5.766 de 21/12/1971 – Definição, estruturação e organização dos Conselhos Federal e Regionais.

_____. Lei 8.069 de 13/07/1990 – Dispõe sobre o Estatuto da Criança e do Adolescente e dá outras providências (ECA).

_____. Lei 9.610 de 19/02/1998 – Altera, atualiza e consolida a legislação sobre direitos autorias e dá outras providencias.

_____. Lei 10.741, de 1º de outubro de 2003 – Dispõe sobre o Estatuto do Idoso e dá outras providências.

_____. Lei 12.833, de 14/08/2013 – Altera os arts. 5. 68, 97, 98, 99 e 100, acrescenta arts. 98-A, 98-B, 98-C, 99-A, 99-B, 100-A, 100-B e 109-A e revoga o art. 94 da Lei n. 9610, de 19 de fevereiro de 1998, para dispor sobre a gestão coletiva de direitos autorais, e dá outras providências.

BRASIL. Ministério da Saúde. Resolução CNS/MS 196/96 – Diretrizes e normas regulamentadoras de pesquisa envolvendo seres humanos.

_____. Resolução CNS/MS 466/2012, aprovada em 12/12/2012, publicada no DOU, 12, 13/06/2013, Seção 1, p 59, disponível em http://conselho.saude.gov.br/resolucoes/2012/Reso466.pdf

CONSELHO FEDERAL DE EDUCAÇÃO. Parecer 403/1962 – Currículo Mínimo e duração do Curso de Psicologia.

CONSELHO FEDERAL DE PSICOLOGIA. Resolução 008/1975 – Código de Ética Profissional do Psicólogo.

_____. Resolução 002/1987 – Código de Ética Profissional do Psicólogo.

_____. Resolução 001/1995 – Altera a Resolução CFP 002/1987, acrescentando alínea "o" no Art. 2º.

_____. Resolução 015/1996 – Institui e regulamenta a concessão de atestado psicológico para tratamento de saúde por problemas psicológicos.

_____. Resolução 010/1997 – Critérios para divulgação, publicidade e exercício profissional de psicólogo associado a práticas não reconhecidas pela Psicologia.

_____. Resolução 011/1997 e Instrução Normativa 001/1997 – Pesquisa com métodos e técnicas não reconhecidas pela Psicologia.

_____. Resolução 012/1997 – Ementa: Disciplina o ensino de métodos e técnicas psicológicas em cursos livres e de pós-graduação, por psicólogos a não psicólogos.

_____. Resolução 008/1998 – Disciplina o pagamento das contribuições dos psicólogos autuados pelos Conselhos Regionais de Administração.

_____. Resolução 001/1999 – Normas de atuação para os psicólogos em relação à questão da orientação sexual.

_____. Resolução 002/2000 – Aprova o Regimento Eleitoral para escolha de conselheiros federais e regionais dos Conselhos de Psicologia.

_____. Resolução 003/2000 – Regulamenta o atendimento psicoterapêutico mediado por computador.

_____. Resolução 006/2000 – Institui a Comissão Nacional de Credenciamento e Fiscalização dos Serviços de Psicologia pela internet.

_____. Resolução 009/2000 – Institui e regulamenta o Manual de Normas Técnicas para a Residência em Psicologia na área de saúde.

_____. Resolução 010/2000 – Especifica e qualifica a psicoterapia como prática do Psicólogo.

_____. Resolução 011/2000 – Disciplina a oferta de produtos e serviços ao público.

_____. Resolução 012/2000 – Institui o Manual para Avaliação Psicológica de candidatos à Carteira Nacional de Habilitação e condutores de veículos automotores.

_____. Resolução 013/2000 – Aprova e regulamenta o uso da hipnose como recurso auxiliar de trabalho do Psicólogo.

_____. Resolução 015/2000 – Dispõe sobre inscrição nos Conselhos Regionais de Psicologia de egressos de cursos sequenciais na área de psicologia.

_____. Resolução 014/2000 – Institui o título profissional de Especialista em Psicologia e dispõe sobre normas e procedimentos para seu registro.

_____. Resolução 016/2000 – Ementa: Dispõe sobre a realização de pesquisa em Psicologia com seres humanos.

_____. Resolução 018/2000 – Consolidação das Resoluções do CFP.

_____. Resolução 002/2001 – Altera e regulamenta a Resolução CFP 014/2000 que institui o título profissional de especialista em psicologia e o respectivo registro nos Conselhos Regionais.

_____. Resolução 005/2001 – Dispõe sobre a obrigatoriedade da atualização de endereço dos psicólogos junto aos Conselhos Regionais e pessoas jurídicas.

_____. Resolução do 006/2001 – Ementa: Institui o Código de Processamento Disciplinar.

_____. Resolução CFP 007/2001 – Aprova o Manual para Credenciamento de Cursos com finalidade de Concessão do Título de Especialista e respectivo registro.

_____. Resolução 008/2001 – Institui a taxa de administração e custeio do processo de cadastramento de cursos, com vistas ao credenciamento junto ao CFP para aceitação de certificados e concessão de Título de Especialista e respectivo registro.

_____. Resolução 016/2001 – Aprova o Regimento Interno do Conselho Regional de Psicologia da 6ª Região.

_____. Resolução 001/2002 – Regulamenta a Avaliação Psicológica em Concurso Público e processos seletivos da mesma natureza.

_____. Resolução 002/2002 – Institui e normatiza a inscrição dos psicólogos estrangeiros e dá outras providências.

_____. Resolução 003/2002 – Altera a Resolução CFP 002/2001, de 10 de março de 2001, que institui o título profissional de especialista em psicologia e o respectivo registro nos Conselhos Regionais.

_____. Resolução 004/2002 – Altera a Resolução CFP 018/2000, de 20 de dezembro de 2000 Consolidação das Resoluções do CFP.

_____. Resolução 005/2002 – Dispõe sobre a prática da acupuntura pelo psicólogo.

_____. Resolução 016/2002 – Dispõe acerca do trabalho do psicólogo na avaliação psicológica de candidatos à Carteira Nacional de Habilitação e condutores de veículos automotores.

_____. Resolução 018/2002 – Estabelece normas de atuação para os psicólogos em relação a preconceito e discriminação racial.

_____. Resolução 002/2003 – Define e regulamenta o uso, a elaboração e a comercialização de testes psicológicos e revoga a Resolução CFP 025/2001.

_____. Resolução 003/2003 – Altera a Resolução CFP 018/2000, de 20 de dezembro de 2000 – Consolidação das Resoluções do CFP.

_____. Resolução 005/2003 – Reconhece a Psicologia Social como especialidade em Psicologia para finalidade de concessão e registro do título de especialista.

_____. Resolução 007/2003 – Institui o Manual de Elaboração de Documentos Escritos produzidos pelo psicólogo, decorrentes de avaliação psicológica e revoga a Resolução CFP 17/2002.

_____. Resolução 009/2003 – Altera a Resolução CFP 018/2000, de 20 de dezembro de 2000 – Consolidação das Resoluções do CFP.

_____. Resolução 010/2003 – Altera a Resolução CFP 003/2000 que Regulamenta o atendimento psicoterapêutico mediado por computador.

_____. Resolução 002/2004 – Reconhece a Neuropsicologia como especialidade em Psicologia para finalidade de concessão e registro do título de especialista.

_____. Resolução 006/2004 – Altera a Resolução CFP 002/2003.

_____. Resolução 001/2005 – Veda a inscrição nos Conselhos Regionais de Psicologia de egressos de cursos tecnológicos na área de psicologia.

_____. Resolução 002/2005 – Altera a Resolução CFP 018/2000, de 20 de dezembro de 2000.

_____. Resolução 003/2005 – Altera a Resolução CFP 07/2001, que Aprova o Manual para Credenciamento de Cursos com finalidade de Concessão do Título de Especialista e respectivo registro e dá outras providências.

_____. Resolução 008/2005 – Altera a Resolução CFP 07/2001, que Aprova o Manual para Credenciamento de Cursos com finalidade de Concessão do Título de Especialista e respectivo registro e dá outras providências.

_____. Resolução 010/2005 – Aprova o Código de Ética Profissional do Psicólogo.

_____. Resolução 012/2005 – Regulamenta o atendimento psicoterapêutico e outros serviços psicológicos mediados por computador e revoga a Resolução CFP 003/2000.

_____. Resolução 003/2007 – Institui a Consolidação das Resoluções do Conselho Federal de Psicologia.

_____. Resolução 013/2007 – Institui a Consolidação das Resoluções relativas ao Título de Especialista em Psicologia e dispõe sobre normas e procedimentos para seu registro.

_____. Resolução 015/2007 – Dispõe sobre o credenciamento de cursos de Residência em Psicologia na área de Saúde e revoga a Resolução CPF 009/2000.

_____. Resolução 016/2007 – Dispõe sobre a concessão do Título de Especialista para os profissionais egressos dos programas de residência credenciados pelo CFP.

_____. Resolução 023/2007 – Atualiza as Resoluções do CFP em relação ao novo Código de Ética da Profissão.

_____. Resolução 018/2008 – Dispõe acerca do trabalho do psicólogo na avaliação psicológica para concessão de registro e/ou porte de arma de fogo.

_____. Resolução 001/2009 – Dispõe sobre a obrigatoriedade do registro documental decorrente da prestação de serviços psicológicos.

_____. Resolução 002/2009 – Altera a Resolução CFP 018/2008 e dá outras providências.

_____. Resolução 007/2009 – Revoga a Resolução CPF 012/2000 e institui normas e procedimentos para a avaliação psicológica no contexto do trânsito

_____. Resolução 009/2009 – Altera a Resolução CFP 018/2008 e dá outras providências.

_____. Resolução 010/2009 – Altera a Resolução CFP 018/2008 e dá outras providências.

_____. Resolução 005/2012 – Altera a Resolução CFP 002/2003, que define e regulamenta o uso, a elaboração e a comercialização de testes psicológicos.

_____. Resolução 010/2012 – Revoga a Resolução CFP 016/2000, que dispõe sobre a realização de pesquisa em Psicologia com seres humanos.

_____. Resolução 008/2013 – Revoga o artigo 86 da Resolução CFP 018/2000, substituído pelo Artigo 85 da Resolução CFP 003/2007, publicado no DOU, Seção 01, Edição 32, p. 50, do dia 14/02/2007, que institui a Consolidação das Resoluções do CFP.

GOLDIN, J.R. "Conflito de interesses". *Cadernos de Ética em Pesquisa*. Ano V, n. 9, 2002, p. 21-2.

GOLDIN, J.R. "Psicoterapias e bioética". In: CORDIOLI, A.V. (org.). *Psicoterapias abordagens atuais*. Porto Alegre: Artes Médicas, 1998.

Manual Operacional dos CEPs. *Cadernos de Ética em Pesquisa*, 5 (9), 2002, p. 29-30.

RODRIGUES, C.R. "Práticas Alternativas e a Pesquisa Universitária". In: *Práticas Alternativas: Campo da Psicologia?* Conselho Regional de Psicologia 6ª Região, São Paulo, 1998.

ROMARO, R.A. Considerações sobre a postura ética no exercício profissional www.bvs-psi.org.br, eventos, download anais, trabalhos completos, 2002.

VILARINHO, M.A.S. Do primeiro ao terceiro Código de Ética dos Psicólogos no Brasil: Mudanças e atualizações. Subsídios para a Comissão de Ética do CRP-SP/28-07- 2000.

Conecte-se conosco:

f facebook.com/editoravozes

◉ @editoravozes

🐦 @editora_vozes

▶ youtube.com/editoravozes

🗨 +55 24 2233-9033

www.vozes.com.br

Conheça nossas lojas:

www.livrariavozes.com.br

Belo Horizonte – Brasília – Campinas – Cuiabá – Curitiba
Fortaleza – Juiz de Fora – Petrópolis – Recife – São Paulo

  Vozes de Bolso

EDITORA VOZES LTDA.
Rua Frei Luís, 100 – Centro – Cep 25689-900 – Petrópolis, RJ
Tel.: (24) 2233-9000 – E-mail: vendas@vozes.com.br